# ECCE HOMO

CB138773

Friedrich Nietzsche

# ECCE HOMO

Tradução e notas

INÊS A. LOHBAUER

MARTIN CLARET

© *Copyright* desta tradução: Editora Martin Claret Ltda., 2014.

Título original: *Ecce homo. Wie man wird, was man ist.*

| | |
|---|---|
| Direção | Martin Claret |
| Produção editorial | Carolina Marani Lima<br>Flávia P. Silva |
| Projeto gráfico e capa | José Duarte T. de Castro |
| Diagramação | Giovana Gatti Leonardo |
| Revisão | Waldir Moraes |
| Impressão e acabamento | Cromosete Gráfica |

Este livro segue o novo Acordo Ortográfico da Língua Portuguesa.

**Dados Internacionais de Catalogação na Publicação (CIP)**
**(Câmara Brasileira do Livro, SP, Brasil)**

Nietzsche, Friedrich Wilhelm, 1844-1900.
Ecce Homo / Friedrich Nietzsche; tradução Inês A. Lohbauer.
— São Paulo: Martin Claret, 2015.

Título original: Ecce homo. Wie man wird, was man ist.

ISBN 978-85-440-0046-5

1. Filosofia alemã 2. Nietzsche, Friedrich Wilhelm, 1844-1900
I. Título. II. Série.

14-13304 CDD-193

Índices para catálogo sistemático:

1. Alemanha: Filosofia 193
2. Filosofia alemã 193
3. Filósofos alemães 193

EDITORA MARTIN CLARET LTDA.
Rua Alegrete, 62 — Bairro Sumaré — CEP: 01254-010 — São Paulo — SP
Tel.: (11) 3672-8144
www.martinclaret.com.br
2ª reimpressão — 2022

# Sumário

# Introdução

## *Ecce homo*: vida, história e superação

MARCO ANTONIO CASANOVA*

*Ecce homo ou como alguém se torna o que é*: esse é o título da autobiografia escrita por Nietzsche em outubro de 1888, no momento em que completava 44 anos de idade e se aproximava rapidamente do colapso que interrompeu definitivamente — em janeiro de 1889 — a sua atividade criativa e o lançou na longa e silenciosa noite que se estendeu por onze anos até a sua morte. O título tanto quanto o subtítulo do livro fala muito sobre o que nele se encontra em questão e sobre o campo de problemas que Nietzsche tinha

---

* Pós-doutor pela Universidade de Freiburg. Professor do departamento de Filosofia da Universidade do Estado do Rio de Janeiro e Presidente da Sociedade Brasileira de Fenomenologia. Marco Casanova é autor das obras: *O instante extraordinário: vida, história e valor na obra de Friedrich Nietzsche* (Forense, 2003); *Nada a caminho: niilismo, impessoalidade e técnica no pensamento de Martin Heidegger* (Forense, 2006); *Eternidade frágil: Ensaio sobre temporalidade na arte* (Via Verita Editora, 2013), entre outros. É um dos principais tradutores de filosofia alemã no país, com especial acento nas traduções de Martin Heidegger.

outrora diante de si. *Ecce homo* são, por um lado, as palavras utilizadas por Pôncio Pilatos ao apresentar à multidão, para o seu julgamento, o Jesus torturado, vestido com um pedaço de pano branco que cobria tão somente o seu sexo e um simples manto púrpura às suas costas, com uma coroa de espinhos na cabeça e as mãos amarradas. Eis o homem!

Tais palavras nos convidam a pensar antes de tudo na figura que por fim vem à tona no momento de seu juízo final. Eis aí a síntese de todo o seu caminho, o resultado de sua doutrina escrito em sua carne, o sentido mesmo de seu destino presente na evidência máxima de seu corpo macerado, humilhado, renegado e condenado por seu próprio povo, a tristeza e a dor daquele que se arrogava filho de Deus. *Ecce homo*! É preciso ouvir nessa expressão exatamente o que ela nos diz em seu conteúdo mais imediato: esse é o homem! Que nós não desviemos dele o olhar, mas que nos mantenhamos antes junto dele, ao lado dele, com ele. É preciso, em outras palavras, entrar em sua existência e ver aí as forças que compõem a sua real determinação, o jogo de tensões e perspectivas que se encontram evidentemente presentes nesse instante final, acompanhar a gênese dessas forças, as suas estratégias próprias de desenvolvimento. Só se fizermos isso, seremos capazes de ver no Cristo o homem, a humanidade do homem, seu destino e seus riscos. É isso que a menção à cena histórica a princípio nos diz. *Como alguém se torna o que é*, por outro lado, o subtítulo da obra, é uma sentença cunhada pelo poeta grego Píndaro e que desempenha um papel decisivo no pensamento de Nietzsche como um todo. *Prima facie*, a sentença parece envolver evidentemente uma contradição. Para a nossa tradição, marcada pela anterioridade da essência, aquilo que nós realmente somos, nós já sempre somos sem que precisemos para tanto realizar qualquer esforço ou levar a termo qualquer atividade. A essência nunca é algo a que acedemos por meio da existência, mas antes muito mais aquilo que se mostra como *a priori* dado e constituído, independentemente de toda e qualquer injunção existencial. Assim, o que somos jamais precisa passar pela dinâmica do vir a ser, mas nos pertence de um modo tal que nem mesmo a morte e a dissolução podem destruir. Ao contrário, é só o que não somos essencialmente, só o que não nos concerne senão de maneira acidental, que está sujeito à lógica do vir a ser. Ao nos incitar a nos tornarmos o que somos, portanto, Píndaro parece estar cometendo um erro lógico, erro esse repetido por Nietzsche ao utilizar a sua sentença como subtítulo de um livro, ainda que se trate aí de uma autobiografia. Essa contradição aparentemente incontornável se desfaz, porém, no momento em que entramos um pouco mais detidamente no cerne mesmo do pensamento nietzschiano.

Há uma ironia extremamente corrosiva presente no contexto histórico que explicitamos acima e que serviu de base para a escolha mesma do título da obra de Nietzsche. Essa ironia repercute diretamente sobre o que precisamos ter em vista com o subtítulo do livro. Na verdade, ao escolher a cena do julgamento de Jesus e as palavras de Pilatos como determinantes de seu pensamento autobiográfico, Nietzsche tinha total clareza quanto à diferença entre o seu modo de ver a cena e a interpretação tradicionalmente vigente. Para a tradição cristã, a cena da condenação de Jesus é parte da paixão de Cristo, do caminho que o conduz finalmente desta vida para a vida eterna, para a reconciliação com o corpo do pai e para a plena formação da Trindade. Nesse sentido, o momento da dor terrena é apenas um momento de passagem, que exerce uma função específica: mostrar o quanto é possível sofrer e, apesar disso, descobrir no sofrimento a salvação e a graça pela verdade de Deus. Não se olha a princípio aqui para o Cristo em sua figura corporal específica, mas já se dirige desde sempre o olhar do Cristo para o além. Desse modo, ele só veio a ser o que ele é porque já sempre tinha sido o que ele era: o filho de Deus. À posição mundana de Pilatos se contrapunha à situação extramundana do Cristo. Pois bem, é exatamente contra essa saída do Cristo mundano para a eternidade do Criador que nos fala ironicamente o *Ecce homo* de Nietzsche. Bem, mas o que significa restringir o Cristo ao seu percurso terreno? Quais as consequências dessa restrição para a autobiografia de Nietzsche, o autor e porta-voz do *Anticristo*? A resposta a essa pergunta está no subtítulo da obra. É exatamente porque não há nenhuma via transcendente de saída do mundo, porque não há portas de escape da caverna platônica, mas porque esse mundo, tal como ele é, é o único que há, que não há como buscar num outro mundo, no mundo verdadeiro e no mundo do ser, a solução para o nosso mundo. Cada um precisa, desprovido de toda essência, vir existencialmente a ser o que é. Toda a questão passa a ser, portanto, *como* é que cada um vem a ser o que é. E é exatamente aqui que a autobiografia de Nietzsche assume um caráter extremamente decisivo.

Em primeiro lugar, chamam logo de saída a atenção do leitor os títulos dos tópicos iniciais. Tudo parece apontar para um exercício sempre questionável de autoidolatria e seria mesmo de se supor a presença de algum delírio de grandeza que possivelmente estaria antecipando já a proximidade da loucura. Nietzsche não começa sua autobiografia com uma narrativa sóbria sobre a sua infância e juventude ou sobre as experiências iniciais que o marcaram de maneira significativa no seu caminho da filologia para a filosofia, a fim de se encaminhar aos poucos para uma descrição de cada uma das etapas marcantes no seu caminho de vida. Ao contrário, os títulos afirmam antes de tudo: "por que (ele é) tão sábio", "por que (ele é) tão sagaz" e "por que (ele) escreve tão bons livros". O que está em jogo em cada um desses tópicos iniciais, contudo, por mais inequivocamente que fale em um primeiro momento a aparência, está longe de um exercício tosco de veneração cega de si. O que vem à tona ao lermos atentamente esses tópicos é muito mais uma exposição marcada por uma lucidez enorme em relação à posição mesma de seu pensamento tanto no que diz respeito à totalidade da história da filosofia ocidental quanto no que concerne às possibilidades existenciais do homem por vir. Em sintonia com a ligação originária entre filosofia e vida, ou seja, em sintonia com a percepção do lugar da filosofia ocidental na determinação das possibilidades mesmas de fomento de formas determinadas de vida que alimentam incessantemente novas potencialidades do existir, Nietzsche vê a si mesmo como um ponto de divisão entre dois momentos históricos estruturais, como um lugar de inflexão radical da história, como um campo de jogo prévio no qual se decidem os destinos do homem do futuro. Ele explicita aqui a situação única presente em seu pensamento, os riscos e os dilemas enfrentados por ele e o que faz ao mesmo tempo que todo o futuro da humanidade esteja girando em torno de suas posições: "em breve terei de surgir perante a humanidade como a mais difícil exigência que já lhe foi feita". O que legitima tal compreensão de si e de seu destino aponta diretamente para os temas centrais do pensamento tardio de Nietzsche, temas esses que reaparecem expressa ou inexpressamente em *Ecce homo*: morte de Deus, dissolução da dicotomia entre mundo verdadeiro e mundo aparente, a essência moral do pensamento metafísico, Dioniso contra o crucificado, transvaloração de todos os valores, crítica cáustica ao cristianismo e ao seu espírito de vingança, etc. Bem, mas como precisamos entender o centro de força de tais temas? Em que medida esse centro retira dos títulos desses capítulos iniciais toda e qualquer possível presença de uma arrogância que beiraria a suposta mania de grandeza?

De maneira sintética, podemos dizer que o centro de força fundamental do pensamento tardio de Nietzsche se baseia no problema da "morte de Deus" e nas consequências diretas desse problema para o modo mesmo de estruturação da existência como um todo. O que significa, porém, tal expressão? É importante ter em vista a princípio que a "morte de Deus" não se confunde com algo assim como uma posição pessoal de um sujeito particular chamado Friedrich Nietzsche. O que está em jogo com a expressão não é a exposição de uma descrença nietzschiana em relação a Deus, mais especificamente em relação ao Deus cristão, mas antes a supressão de um modo tradicional de determinação da totalidade. A metafísica, tal como a compreende Nietzsche, envolve necessariamente uma posição valorativa em relação ao mundo que é o nosso. Ao supor originariamente a necessidade de uma verdade eterna e imutável da totalidade e de um fundamento último do real, o que a orienta é antes de tudo um juízo de valor sobre esse mundo. A metafísica não nasce para Nietzsche de uma investigação propriamente dita sobre o caráter essencial da verdade, mas sim de uma suposição sobre tal caráter. Uma vez que não consegue suportar existir em um mundo marcado pela aparência, pelo devir, pela mutabilidade, pela finitude, pela ausência de fundamento, a metafísica pressupõe a necessidade do mundo transcendente. Neste sentido, o que a determina não é algo assim como um conhecimento imaculado e desinteressado acerca do ser de todas as coisas, mas antes uma negação do mundo real e efetivo. Esse mundo, tal como ele é, não tem como ser vivido: logo, é preciso que haja outro mundo. A questão é que a metafísica não apenas assumiu o mundo verdadeiro como uma hipótese dogmática e se manteve incessantemente repetindo a sua indubitabilidade. Ao estabelecer o mundo verdadeiro, a tradição metafísica buscou incessantemente alcançar de maneira rigorosa esse mundo, criando ao mesmo tempo uma linguagem depurada de seus elementos empíricos (uma linguagem lógica) que pudesse ser consonante com tal mundo. Morte de Deus é uma expressão, então, que aponta para a incontornável falência, no final do século XIX, exatamente desse projeto. Diante da impossibilidade de continuar trabalhando com a hipótese do mundo verdadeiro; diante da inexorável constatação do caráter empírico da linguagem e da impossibilidade de encontrar um ser eterno e imutável para além do devir; diante mesmo do fracasso de todos os ideais secularizados do mundo moderno, ideais como a paz perpétua e o bem social de todos; por fim, diante da descoberta de que a "verdade" tinha sido buscada em função de nossos carecimentos práticos, Deus, enquanto o ente que sintetizava na tradição o modo de ser do mundo verdadeiro, morre. A morte de Deus não representa apenas, porém, a dissolução de um modo de pensar, uma questão teórica relativa tão somente a certo conjunto de pesquisadores devotados a problemas de ordem transcendente. Ao contrário, ela instaura uma condição fundamental do homem moderno e contemporâneo. Morte de Deus, enquanto a condição estrutural de nosso existir, traz consigo inexoravelmente uma eliminação daquelas orientações mesmas que até aqui tinham funcionado como um suporte e um alento para todos nós. Sem Deus, tudo parece condenado a um abismo infinito: parece não haver pura e simplesmente mais bem e mal, crime e justificação plena de uma punição, alto e baixo, nobre e vil. Tudo parece aqui se perder em uma noite escura na qual nenhum sol metafísico se instaura ou pode instaurar-se. É por saber dessa situação do homem moderno e contemporâneo; é por ter clareza quanto ao ponto de interrogação que se abate inexoravelmente sobre a existência como um todo, que Nietzsche se vê como um homem fatal: como aquele que não apenas precisa assumir sobre si sem desvios a face turbulenta da verdade, mas também como aquele que precisa mostrar, por meio de seu próprio caminho existencial, em que medida a morte de Deus não significa a simples condenação da vida como um todo ao mal, pois uma "transvaloração de todos os valores é possível". Nietzsche é fim e começo, morte e origem, decadência e apogeu da vida, aquiescência plena ao caminho e o risco de olhar para trás e tremer. Ele mesmo nos diz em outra passagem do *Ecce homo*: "A ventura da minha existência, porventura a sua singularidade, consiste na sua fatalidade: estou, para me exprimir em forma de enigma, já morto quanto a meu pai, mas, no tocante à minha mãe, vivo ainda e vou ficando velho. Esta dupla herança, por assim dizer a partir do mais alto e do mais baixo degraus na escada da vida, *décadence* e ao mesmo tempo começo — isto, sim, se é que alguma coisa, explica a neutralidade, a independência de partidismos em relação a todos os problemas da vida, que quiçá me caracteriza". Essa posição, em conclusão, não se encontra, contudo, ligada a uma atitude abstrata qualquer, mas remete antes muito mais para o caminho de vida de Nietzsche. É isso que torna o *Ecce homo* uma obra privilegiada. Vejamos esse ponto rapidamente por fim.

Nietzsche se encontra em um momento histórico marcado por uma radical transformação dos modos de determinação não apenas do pensamento tradicional, mas muito mais radicalmente de todas as relações do homem com a totalidade da existência. Diante da morte de Deus e da ascensão imediata do niilismo como consequência direta da supressão dos pressupostos mesmos em jogo sinteticamente em Deus, ele concentra em si não apenas a possibilidade de um redimensionamento do todo, mas também de recaída em uma tradição já esvaziada de sentido e de vitalidade ou em mera paixão destrutiva, em uma simples vontade de nada. É isso que faz dele antes de tudo um risco, uma ponte, uma travessia, um medo e ao mesmo tempo um ímpeto de se pôr a caminho. A isso se alia ainda, porém, a doença que sempre o acompanhou desde a juventude. A solidão que marcou seus passos por toda parte. A necessidade de encontrar parceiros de comunicação e, diante da impossibilidade de encontrá-los efetivamente, a força criadora que trouxe à tona os parceiros fictícios do caminho: Zaratustra, Dioniso, Ariadne. Tudo isso, no entanto, não como simples entrave no movimento de seu vir a ser, mas antes como marcos indeléveis desse movimento. Nietzsche não conseguiu realizar seu caminho apesar da doença e da solidão, apesar da destruição das esperanças juvenis e da confrontação com o caráter trágico da existência, mas a partir daí. E é esse o sentido do subtítulo da obra. *Ecce homo*, portanto, não é apenas uma autobiografia intelectual, mas uma descrição do caminho de apropriação de si e de suas circunstâncias por parte do pensador que abre o século XX e que o perpassa como uma nota maior, sempre ressonante. O que temos a oportunidade de acompanhar no livro é o olhar aquilino do autor em um longo sobrevoo por sua existência e pelos momentos dessa existência, por seu corpo e sua obra. Não por curiosidade ou por autoelogio, mas pela possibilidade de celebração da pureza do coração e do brilho ainda vivo do olhar. Como soam diversas aqui as mesmas palavras de Pilatos! Assim, é preciso dizer: eis aqui um novo homem!

# Ecce Homo

# ECCE HOMO

## Como alguém se torna o que é

### 1

Pressupondo que terei de enfrentar o desafio mais difícil jamais apresentado à humanidade, parece-me imprescindível dizer quem eu sou. Basicamente isso se deveria saber, pois não deixei de permitir "testemunhos" a esse respeito. Porém a desproporção entre a grandeza da minha missão e a pequenez dos meus contemporâneos expressou-se no fato de que eles não me ouviram nem me viram. Vivo por mim mesmo, será que é apenas um preconceito, eu viver? Só preciso falar com algum "erudito" daqueles que vêm para o Oberengadin no verão, para me convencer de que *não* estou vivendo...

Nessas circunstâncias, há um dever contra o qual o meu hábito e mais ainda o orgulho dos meus instintos se revoltam, ou seja, o de dizer: *Ouçam-me! Pois sou esse e aquele. Sobretudo, não me confundam!*

2

Por exemplo, eu não sou de modo algum um espantalho, um monstrengo moral — sou apenas de uma natureza oposta ao tipo de pessoa que até então admiramos como virtuosa. Entre nós, parece-me que justamente isso faz parte do meu orgulho. Sou um discípulo do filósofo Dioniso, prefiro ser um sátiro a ser um santo. Mas, leiam este texto. Com ele talvez eu consiga expressar esse contraste de uma forma serena e simpática aos seres humanos, e talvez ele nem tenha outro sentido além desse. A última coisa que eu prometeria seria "aprimorar" a humanidade. Eu não criaria novos ídolos; os antigos deveriam aprender o que é ter pés de barro. Destruir ídolos (minha palavra para "ideais" ), isso sim, faz parte do meu instrumental.

Quando se forjou um mundo ideal, matou-se o valor, o sentido, a autenticidade do mundo real.... o "mundo verdadeiro" e o "mundo aparente" — no sentido literal, o mundo forjado e a realidade... até hoje a mentira desse ideal é a maldição da realidade, a própria humanidade foi iludida por isso até seus mais baixos instintos e tornou-se falsa — reverenciando os valores contrários, como se neles estivessem abrigados o progresso, o futuro, o sublime direito ao futuro.

3

Aquele que respirar o ar dos meus textos sabe que é um ar das alturas, um ar *forte.* Quando não se foi criado para ele, o perigo de se pegar um resfriado não é desprezível. O gelo está próximo, a solidão é assustadora — mas quão tranquilamente as coisas repousam sob a luz! Como se respira livremente! Quanta coisa sentimos entre nós! — A filosofia, como eu a entendi e vivenciei até agora, é a vida voluntária no gelo e nas altas montanhas — a busca de tudo que é desconhecido e questionável na existência, tudo que até agora foi banido pela moral. Com uma longa experiência proporcionada por uma viagem desse tipo, *uma viagem ao que era proibido*, aprendi a ver, mais diversamente do que seria desejável, os motivos pelos quais até agora se moralizaram e se idealizaram tanto as coisas; a história oculta dos filósofos, a psicologia dos seus grandes nomes veio à luz para mim. Quanta verdade um espírito *suporta*, quanta verdade ele *ousá enxergar*? Para mim isso seria a verdadeira medida dos valores. O engano (a crença no ideal) não é cegueira, o engano é covardia... Toda realização, todo avanço no reconhecimento provém da coragem, da tenacidade, da lisura consigo mesmo... Não sou contra os ideais, apenas tenho cuidado com eles... *Nitimur in vetitum*: com esse lema minha filosofia vence, pois até agora basicamente só se proibiu a verdade.

4

Dentre meus textos quero destacar o *Zaratustra*. Com ele, dei à humanidade o maior presente que já se deu a ela até agora. Esse livro, com uma voz que remonta a milênios, não é apenas o livro mais sublime que existe, o verdadeiro livro do ar das alturas — todo o fator "ser humano" está a uma tremenda distância abaixo dele — ele é também o mais *profundo*, nascido do cerne da verdade, um poço inesgotável em que nenhum pote pode descer sem subir cheio de ouro e coisas valiosas. Não é um "profeta" que fala, nem aquele horrível ser híbrido misto de doença e vontade de poder, que chamamos de fundador de uma religião. Devemos sobretudo *ouvir* direito o tom de voz que sai daquela boca, um tom alciônico, para não cometer uma impiedosa injustiça com o sentido da sua sabedoria. "As palavras mais silenciosas são as que trazem a tempestade; os pensamentos que chegam com passos leves são os que dirigem o mundo."

Os figos caem das árvores, eles são bons e doces; e, quando caem, a pele vermelha se rompe. Sou um vento norte, para os figos maduros.

Portanto, meus amigos, assim como os figos, essas lições cairão sobre vocês; bebam sua seiva e comam sua carne doce! É outono, e o céu está puro, de tarde.

Quem fala não é um fanático, não é alguém que faz "pregações" e exige uma "*crença*"; de uma infinita plenitude de luz e uma profunda felicidade cai uma gota após a outra, uma palavra após a outra — o ritmo desses discursos é de uma lentidão muito suave. Eles só alcançam os mais eleitos; é um privilégio sem igual ser ouvinte; todos têm a liberdade de dar ouvidos a Zaratustra... com tudo isso, não será Zaratustra um *sedutor*?... Mas o que ele diz, quando pela primeira vez retorna à sua solidão? Justamente o contrário daquilo que, nesses casos, diria qualquer "sábio", "santo", "salvador do mundo" e outros decadentes... Ele não só diz coisas diferentes, ele também é diferente...

Portanto, meus discípulos, caminharei sozinho! Vocês também irão embora, e sozinhos! É o que eu quero.

Afastem-se de mim e defendam-se de Zaratustra! E melhor ainda, envergonhem-se dele! Talvez ele tenha traído vocês.

O ser humano que reconhece as coisas não deve apenas amar seus inimigos, deve também saber odiar seus amigos.

Retribui-se muito mal a um professor, quando se continua sendo um aluno. E por que não querem desfazer minha coroa de louros?

Vocês me veneram; mas como, se essa veneração será *destruída um dia*? Protejam-se, para que a estátua não caia sobre vocês!

Dizem acreditar em Zaratustra! Mas o que importa isso a Zaratustra? Creem em mim, mas que importância têm todos que creem?

Vocês ainda não haviam-se buscado; e então me encontraram. É o que fazem todos os que creem, por isso todas as crenças valem tão pouco.

Então eu os convoco a me perderem e a encontrarem a si mesmos; e só *quando todos me renegarem* é que quero retornar...

*Friedrich Nietzsche*

## ECCE HOMO

Neste dia perfeito, em que tudo amadurece e não apenas as uvas ficam rubras, um raio de sol desceu sobre a minha vida; olhei para trás, olhei para fora, e nunca vi tantas coisas e tão boas de uma vez só. Não foi à toa que enterrei hoje meu quadragésimo quarto aniversário, eu *pude* enterrá-lo — a vida que havia nele foi salva, ela é imortal. A transvaloração de todos os valores, os ditirambos de Dioniso, e, para me restabelecer, o Crepúsculo dos Ídolos — todos presentes que me foram dados por esse ano, até mesmo pelo seu último trimestre! Como eu poderia não ser grato a toda a minha vida? E, assim, passo a narrá-la para mim mesmo.

## Por que sou tão sábio

### 1

A felicidade da minha existência, talvez o fato de ser única, consiste na fatalidade do seu destino; expressando-o em forma de enigma: como meu pai já morri, como minha mãe ainda vivo e envelheço. Essa dupla origem, ao mesmo tempo do patamar superior e do inferior da escada da vida, ao mesmo tempo decadência e início — isso, e não qualquer outra coisa, explica aquela neutralidade, aquela liberdade de opção em relação ao problema da vida como um todo, que talvez me identifique. Eu tenho, para os sinais de ascensão e de decadência, uma percepção mais sutil do que alguém jamais teve, sou o mestre "*par excellence*" no caso — conheço ambas, sou ambas. Meu pai morreu com trinta e seis anos de idade, ele era meigo, afetuoso e mórbido, como um ser determinado a estar aqui só de passagem — muito mais uma boa lembrança da vida, do que a própria vida. No mesmo ano da decadência da sua vida, a minha também decaiu; no trigésimo sexto ano da minha vida cheguei ao ponto mais baixo da minha vitalidade — eu ainda vivia, mas sem enxergar três passos à minha frente.

Na época — era 1879 — desisti da minha docência na Basileia, passei o verão em St. Moritz como uma sombra, e também o inverno seguinte em Naumburg, o menos ensolarado da minha vida. Foi o meu patamar mais baixo: *O caminhante e sua sombra* surgiu nessa época. Sem dúvida eu me via como uma sombra... No inverno seguinte, meu primeiro inverno genovês, com aquela maior suavidade e espiritualização, quase condicionadas por uma extrema redução no meu volume de sangue e de músculos, produzi a *Aurora*. A mais completa claridade e serenidade, até mesmo a exuberância de espírito que a citada obra reflete, não tem a ver apenas com minha mais profunda fraqueza fisiológica, mas também com um excesso de sensação de dor. No meio de um martírio que provoca uma dor de cabeça contínua de três dias com crises de vômitos, obtive uma clareza dialética *par excellence*, e refleti friamente sobre muitas coisas, para as quais, em condições mais saudáveis, não sou suficientemente ambicioso, refinado e frio. Meus leitores talvez saibam em que medida considero a dialética um sintoma de decadência, por exemplo, no caso mais famoso de todos: o de Sócrates. Todas as perturbações doentias do intelecto, até aquele entorpecimento inicial seguido de febre, são até hoje para mim coisas totalmente estranhas, cuja natureza e frequência só conseguirei estudar futuramente, nos caminhos da erudição. Meu sangue flui devagar. Nunca ninguém conseguiu constatar alguma febre em mim. Um médico que me tratou muito tempo, dizendo que eu era portador de uma doença nervosa, disse, finalmente: "Não! Não há nada de errado com seus nervos, até eu às vezes fico nervoso." No máximo alguma degeneração local oculta; nenhuma doença estomacal organicamente condicionada, talvez até, como consequência do esgotamento geral, uma profunda fraqueza do sistema gástrico. E a doença dos olhos, a cegueira que vai aproximando-se perigosamente, é só uma consequência e não uma causa, pois com cada incremento da força vital a visão também vai melhorando. Um período muito longo de vários anos representa para mim a cura — mas infelizmente ela também representa o retrocesso, a recaída, o período de uma espécie de decadência. Será que depois de tudo isso ainda preciso dizer que tenho experiência nas questões da decadência? Eu a soletrei de trás para a frente, da frente para trás. Até mesmo aquela arte da filigrana, de captar e entender a sensibilidade atenta às nuanças, aquela psicologia do "olhar que dobra as esquinas", e tudo o mais de que fui capaz, eu aprendi naquela época, e é o verdadeiro presente daquele período em que tudo em mim se refinou, até a observação, inclusive todos os órgãos de observação. Meu mais longo exercício, minha verdadeira experiência, quando em algum momento tornei-me mestre nisso, foi olhar da ótica do enfermo para conceitos e valores mais *saudáveis*, e, inversamente, da plenitude e da certeza de uma vida *rica* para o trabalho secreto do instinto de decadência. Agora eu o tenho nas mãos, consigo transformar perspectivas: é o primeiro motivo pelo qual talvez até seja possível, só para mim, uma "transvaloração dos valores".

2

Porém, chegando à conclusão de que sou um decadente, também sou o oposto. Entre outras coisas, a prova disso é que sempre escolhi instintivamente os meios *certos* para combater as situações mais graves, enquanto o decadente sempre escolhe os meios que lhe são adversos. Como *summa summarum* eu era saudável, como parte, como especialidade, eu era decadente. Aquela energia para o absoluto isolamento e a libertação das condições habituais, a coação contra mim mesmo, não deixando que cuidassem de mim, que me servissem, que me tratassem — tudo isso revela a certeza instintiva do que na época era sobretudo necessário. Peguei a minha mão, e eu mesmo recuperei minha saúde. A condição para isso — qualquer fisiologista confirmará o que digo — é que em princípio somos todos saudáveis. Um ser tipicamente mórbido não pode tornar-se saudável, muito menos promover a própria saúde; e inversamente, para um ser tipicamente saudável, ser doente pode até constituir-se num enérgico estímulo à vida, à mais-vida. Assim, na prática, *agora* aquele longo período de doença aparece à minha frente; redescobri a vida incluindo-me nela, saboreei todas as coisas boas e até pequenas, como os outros nem poderiam saboreá-las — fiz minha filosofia da minha vontade de ter saúde, ter vida... Devo chamar a atenção sobre isso: meus anos de menos vitalidade foram aqueles em que parei de ser pessimista; o instinto de autorrecuperação evitou que minha filosofia se fundamentasse na pobreza e no desânimo... é no que se reconhece, basicamente, a conquista do bem-estar! Alguém que conquistou o bem-estar faz bem aos nossos sentidos, é um ser talhado de madeira dura, suave e perfumada. Só aprecia aquilo que lhe apetece. Seu gosto, seu prazer acaba quando o limite do suportável é ultrapassado. Ele acerta na escolha dos remédios contra as feridas, usa em seu proveito os imprevistos mais graves, o que não o mata, fortalece-o. De tudo que vê, ouve, vivencia, ele recolhe instintivamente aquilo que formará *sua* coleção; ele é um princípio selecionador, deixa muita coisa de lado. Está sempre na própria companhia, lidando com livros, pessoas ou paisagens; ele respeita, pois *seleciona, admite e confia.* Reage devagar a todo tipo de estímulo, com aquele vagar cultivado por uma prudência e um orgulho intencional aprendidos ao longo de muito tempo — ele coloca à prova o estímulo que se aproxima, nem pensa em confrontá-lo. Não acredita em "desgraça" nem em "culpa"; consegue lidar consigo e com os outros, sabe *esquecer* — é forte o bastante para fazer que tudo lhe ocorra da melhor forma possível. Enfim, sou o oposto de um decadente; pois acabo de descrever a minha pessoa.

## 3

Considero um grande privilégio ter tido um pai como o meu; os camponeses, para os quais ele pregava — nos últimos anos da sua vida ele foi pregador, depois de ter vivido alguns anos na corte de Altenburg —, diziam que um anjo deveria ser assim. E com isso toco na questão da raça. Sou um nobre polonês *pur sang*, sem uma gota de sangue ruim misturada ao meu, pelo menos nenhum sangue alemão. Quando procuro o meu oposto mais profundo, a incalculável maldade dos instintos, encontro sempre minha mãe e minha irmã — imaginar que sou aparentado com uma *canaille* como essa é uma blasfêmia para minha divindade. O tratamento que recebo por parte da minha mãe e minha irmã, até este momento, infunde-me um horror indizível; é o trabalho de uma perfeita máquina dos infernos, que sabe, com uma certeza infalível, quando estou vulnerável à mágoa — em meus momentos de maior elevação... quando não tenho mais forças para me defender contra os vermes venenosos... a contiguidade fisiológica possibilita essa *disharmonia praestabilita*. Mas reconheço que a minha mais profunda ressalva contra "o eterno retorno", meu verdadeiro pensamento abissal, é sempre minha mãe e minha irmã. Como polonês eu sou um terrível atavismo. Teríamos de voltar nos séculos para encontrar essa raça tão nobre que existia na terra, com tanta pureza de instintos como a descrevo. Tenho um soberano sentimento de distinção relativo a tudo que hoje se chama nobreza; eu não daria ao jovem imperador alemão a honra de ser o meu cocheiro. Existe um único caso em que reconheço o meu igual — e reconheço-o com a mais profunda gratidão. A senhora Cosima Wagner é de longe a natureza mais nobre que conheço, e, para não omitir nenhuma palavra, digo que Richard Wagner foi de longe o homem mais próximo de mim... O resto é silêncio... Todos os conceitos vigentes sobre graus de parentesco são uma insensatez fisiológica que não pode ser superada. Até hoje o papa lida com essa insensatez. Somos muito pouco aparentados com nossos pais; seria o sinal mais extremo de vulgaridade sermos parentes de nossos pais. As naturezas superiores têm sua origem num passado infinitamente mais remoto, nelas foi reunida, poupada e acumulada muita coisa. Os *grandes* indivíduos são os mais antigos; eu não entendo disso, mas Júlio César poderia ter sido meu pai — *ou* Alexandre, esse Dioniso em pessoa.. No momento em que escrevo isso, o correio me entrega uma cabeça de Dioniso...

4

Nunca entendi a arte de sentir antipatia por mim mesmo — o que também devo ao meu inigualável pai — mesmo que isso me pareça de grande valia. Nunca senti simpatia por mim, por mais que isso possa parecer pouco cristão. Minha vida pode ser virada pelo avesso, e nela, com exceção de um caso isolado, não se descobrirá nenhum vestígio de que alguém tivesse tido más intenções em relação a mim — talvez vestígios demais de boas intenções... Até minhas experiências desse tipo, geralmente consideradas negativas, falam sem exceção a seu favor; consigo domar qualquer urso, e transformar um boboca numa pessoa refinada. Nos sete anos em que ensinei grego no curso superior da Faculdade da Basileia, não tive nenhum motivo para impor algum castigo; comigo, os alunos mais preguiçosos eram esforçados. Sempre estive à altura dos acasos; preciso estar despreparado para manter o domínio sobre mim. O instrumento, qualquer que fosse, era tão desarmônico quanto pode ser desarmônico o instrumento "ser humano" — eu precisava estar doente para não conseguir extrair dele algo audível. E quantas vezes ouvi dos próprios "instrumentos" que eles nunca haviam ouvido a si mesmos daquele modo... Talvez a mais bela declaração tenha vindo de Heinrich Stein, infelizmente falecido muito jovem, que, depois de uma autorização obtida com muito esforço, apareceu em Sils-Maria por três dias, explicando para todo mundo que *não* viera por causa do Engadin. Essa pessoa excepcional, que se afundara com toda a impetuosa simplicidade de um jovem prussiano no pântano wagneriano (e além disso também no de Dühring!), ficou, durante esses três dias, como que transformado pelos ventos tempestuosos da liberdade, como alguém que de repente é elevado às *suas* alturas e cria asas. Eu sempre lhe dizia que eram os bons ares daqui de cima, e todo mundo sentia isso, afinal não era à toa que estávamos a 6.000 pés acima de Bayreuth — mas ele não queria acreditar em mim... Quando, mesmo assim, faziam contra mim alguma pequena e grande maldade, o motivo não era "a intenção", ou pelo menos não a "má intenção"; na verdade eu teria — o que expliquei acima — muito mais queixas das boas intenções, que provocaram um dano nem um pouco insignificante na minha vida. Minhas experiências me dão um direito à desconfiança geral, em relação aos assim chamados "impulsos" altruístas, o "amor ao próximo", pronto a oferecer todo tipo de conselho. Na verdade ele me parece mais uma fraqueza, um caso isolado da incapacidade de defesa contra os estímulos — a compaixão só é uma virtude para os decadentes. A minha crítica aos compassivos é que a vergonha, o respeito e a sensibilidade passam longe deles, que a compaixão, num piscar de olhos, começa a cheirar a ralé e pode ser confundida com má educação, e que sob certas circunstâncias mãos compassivas podem interferir destrutivamente num grande destino, num isolamento doloroso, num direito a uma grande culpa. Considero a superação da compaixão como uma das virtudes mais nobres: narrei um caso como "a provação de Zaratustra", em que ele ouve um forte grito de aflição, em que a compaixão, como um último pecado, ameaça assaltá-lo, aliená-lo de si mesmo. Permanecer dono de si mesmo, manter pura a grandeza da sua missão, longe das muitas paixões baixas e medíocres contidas nas assim chamadas ações altruístas, é a grande provação, talvez a última pela qual um Zaratustra precisa passar — a sua verdadeira confirmação de força...

5

Num outro ponto também sou apenas como meu pai, e ao mesmo tempo a continuação da sua vida, depois da sua morte tão precoce. Como todo aquele que nunca viveu entre seus iguais e a quem o conceito "represália" é tão inacessível quanto o conceito "direitos iguais", proíbo-me de tomar qualquer medida de retaliação, de proteção, por mais justa que seja, inclusive interpor qualquer defesa, ou "justificativa", nos casos em que me fizeram uma maldade pequena, ou muito grande. Minha represália consiste em enviar o mais depressa possível algo inteligente para a ignorância; quem sabe aquela ainda consiga alcançar esta. Falando metaforicamente: eu envio uma caixa de bombons para me livrar de uma coisa desagradável... Só de uma coisa podem acusar-me: eu sempre retribuo, podem ter certeza disso. Encontro logo uma oportunidade de expressar minha gratidão ao "malfeitor" (até mesmo pela maldade) — ou de lhe pedir algo, o que pode ser mais amável do que dar algo... Também parece-me que a palavra mais rude, a carta mais rude ainda é mais benévola, mais simpática do que o silêncio. Quase sempre há uma falta de sutileza e amabilidade naqueles que silenciam; calar é criticar, e engolir as coisas forma necessariamente um mau caráter — chega até a embrulhar o estômago. Todos os calados são dispépticos. Vejam, não quero subestimar a rudeza, ela é de longe a forma mais *humana* de protesto, e, no meio de todos esses mimos modernos, ela é uma de nossas principais virtudes. Quando se é suficientemente rico, é até uma felicidade não ter razão. Um deus que viesse à terra não deveria fazer nada além de injustiças — o divino não seria assumir o castigo, mas a culpa.

6

A minha libertação do ressentimento, o esclarecimento sobre o ressentimento — o quanto sou grato à minha longa doença por isso! O problema não é exatamente simples; precisamos tê-lo vivenciado a partir da força e da fraqueza. Se existe algo que deveríamos enfatizar contra a doença e contra a fraqueza do ser humano, seria que o seu verdadeiro instinto de cura, o seu instinto de defesa e de luta, acaba cedendo. Não sabemos como nos livrar de nada, não sabemos lidar com nada, não sabemos repelir nada — tudo nos fere. O ser humano e a coisa aproximam-se demais, de forma inoportuna, as vivências vão fundo demais, a lembrança é uma ferida pustulenta. Estar doente é uma espécie de ressentimento. Contra isso o doente tem apenas um grande remédio — que eu chamo de fatalismo russo, aquele fatalismo sem revolta, que faz que um soldado russo, para quem a campanha tornou-se árdua demais, finalmente deite-se sobre a neve. Não aceitar mais nada, não pegar nada, não tomar nada — não reagir mais, de jeito nenhum. A grande sensatez desse fatalismo — que nem sempre é apenas a coragem de morrer — como preservação da vida em meio às condições mais arriscadas é a redução da velocidade do metabolismo, a sua maior lentidão, uma espécie de vontade de hibernar. Mais alguns passos adiante nessa lógica, e teremos o exemplo do faquir, que durante semanas dorme numa cova... Como nós nos esgotaríamos muito depressa se reagíssemos, nem reagimos mais; essa é a lógica. E nada nos consome mais depressa do que os ressentimentos e as emoções. A raiva, a sensibilidade doentia às ofensas, a impotência para a vingança, a luxúria, a sede de vingança, a mistura de venenos em todos os sentidos — para os esgotados, certamente essa é a maneira menos vantajosa de reagir —, um rápido desgaste de energia nervosa, um aumento doentio de fluxos prejudiciais, por exemplo, da bile para o estômago, estão todos ligados a isso. O ressentimento é a verdadeira proibição para o doente — é o seu mal, e infelizmente também sua tendência mais natural. É o conceito do competente fisiólogo Buda. Sua "religião", que se poderia definir melhor como uma *higiene*, para não a confundirmos com coisas tão lastimáveis como o cristianismo, vinculava sua eficácia à vitória sobre o ressentimento: libertar a alma — era o primeiro passo para o restabelecimento da saúde. "Não se acaba com a inimizade por meio da inimizade, mas só com a amizade" é o que está escrito no início da doutrina de Buda — *não* é a moral que diz isso, mas a fisiologia.

O ressentimento, nascido da fraqueza, é mais nocivo ao próprio ser fraco do que a qualquer outra pessoa; por outro lado, quando se pressupõe uma natureza rica, ele é um sentimento supérfluo, e a sensação de dominá-lo torna-se quase uma prova dessa natureza. Quem conhece a seriedade com que minha filosofia assumiu a luta contra os sentimentos de vingança e de compaixão, até chegar à doutrina do "livre-arbítrio" — a luta contra o cristianismo é só um caso isolado no meio disso tudo — compreenderá por que trago à luz meu comportamento pessoal, minha *certeza do instinto*, e o utilizo na prática. Nos tempos da decadência eu o proibi para mim mesmo, considerando-o prejudicial; mas tão logo a vida retornou, rica e orgulhosa o bastante, eu o proibi de ficar *abaixo* de mim. Surgiu em mim aquele "fatalismo russo" do qual falei antes, a ponto de eu me apegar firmemente, durante anos, a posições, lugares, casas, companhias quase insuportáveis, quando por acaso apareciam diante de mim. Era melhor do que modificá-los, do que *sentir* que podiam ser modificados, do que se revoltar contra eles... Eu detestava mortalmente a ideia de perturbar esse meu fatalismo, de me despertar com violência: na verdade, isso também era mortalmente perigoso. Assumir-se como um fato, não querer ser "diferente" é, nessas condições, a *própria sensatez.*

## 7

Outra coisa é a guerra. Sou de natureza belicosa. Atacar faz parte dos meus instintos. *Poder* ser inimigo, ser inimigo, pressupõe uma natureza forte, de qualquer modo é uma condição de toda natureza forte. Ela precisa de oposição, por isso *busca* a oposição; da mesma forma, o *pathos* agressivo é parte da força, como os sentimentos de vingança e de compaixão o são da fraqueza. A mulher, por exemplo, é vingativa: isso se deve à sua fraqueza, tanto quanto à sua sensibilidade pela necessidade alheia. Na oposição de que precisa, o agressor obtém uma espécie de medida da sua força; todo crescimento se revela na busca de um opositor cada vez mais poderoso — ou de um problema cada vez maior, pois um filósofo belicoso também desafia os problemas a um duelo. O objetivo *não* é ter o domínio sobre todas as oposições, mas apenas sobre aquelas contra as quais devemos empenhar toda nossa força, flexibilidade e maestria com as armas — sobre opositores *iguais*... A igualdade diante do inimigo é o primeiro pressuposto para um duelo *justo*. Não se *pode* travar uma guerra *quando* há desprezo, quando se dá ordens, quando se olha para baixo — nesses casos nem se *deve* travar uma guerra. Minha prática de guerra pode ser resumida em quatro frases. Primeira: eu só ataco coisas vitoriosas — sob certas circunstâncias, espero até se tornarem vitoriosas. Segunda: só ataco as coisas quando não encontro aliados, quando estou só, quando apenas eu me comprometo... Nunca dei um passo publicamente que não me comprometesse, esse é o *meu* critério de uma ação correta. Terceira: nunca ataco pessoas, eu as uso apenas como uma potente lente de aumento, com a qual se pode dar visibilidade a uma crise comum, insidiosa, mas pouco palpável. Foi assim que ataquei David Strauss, mais exatamente, o sucesso de um livro já senil na "cultura" alemã — surpreendi essa cultura no ato... ataquei wagnerianos, mais precisamente a falsidade, a duplicidade de instintos da nossa "cultura", que confunde os refinados com os ricos, os tardios com os grandes. Quarta: só ataco quando está excluída a diferença entre as pessoas, quando todo cenário de más experiências está ausente. No meu caso acontece o contrário: atacar, para mim, é uma prova de boas intenções, e, sob certas condições, de gratidão. Com isso eu mostro meu respeito, destacando que ligo meu nome a uma coisa, a uma pessoa, a favor ou contra — para mim tanto faz. Quando combato o cristianismo, é porque cabe a mim fazer isso, pois da parte dele não vivenciei fatalidades e constrangimentos, os cristãos mais sérios sempre me quiseram bem. Eu mesmo, um opositor "*de rigueur*" do cristianismo, estou longe de culpar um único indivíduo pela fatalidade de milênios.

8

Será que posso atrever-me a citar um último traço da minha natureza, que costuma causar-me muitas dificuldades no trato com as pessoas? Tenho uma misteriosa suscetibilidade no meu instinto de pureza, e assim sinto fisiologicamente a proximidade ou — o que posso dizer? — o interior mais profundo, "as entranhas" de cada alma — consigo até cheirá-las... Minha suscetibilidade tem antenas psicológicas, com as quais eu toco a pessoa e consigo captar qualquer segredo seu; aquela sujeira oculta no fundo de certas naturezas, talvez ligada ao sangue ruim, mas disfarçada pela boa educação, torna-se perceptível para mim já ao primeiro toque. Quando as observo bem, noto que essas naturezas nada benéficas à minha pureza também sentem o meu asco; mas isso não as faz ter um cheiro melhor... Como sempre foi meu costume — uma extrema pureza é o pressuposto do meu ser, posso morrer se estiver no meio de condições impuras — eu nado, tomo banho e brinco constantemente na água, um elemento totalmente transparente e brilhante. Isso torna meu relacionamento com as pessoas uma prova de paciência nem um pouco insignificante; minha humanidade *não* consiste em simpatizar com o ser humano como ele é, mas *suportar* a minha simpatia por ele... minha humanidade é uma constante autossuperação. Preciso de solidão, quero dizer, do restabelecimento, do retorno a mim mesmo, do sopro de um ar livre, leve e solto... Todo meu *Zaratustra* é um ditirambo sobre a solidão, ou, se vocês me entenderam, sobre *a pureza*... felizmente não sobre a *pura tolice*. Quem tiver olhos para as cores vai chamá-lo de diamante. O asco pelas pessoas, pela "gentalha" sempre foi o maior perigo para mim... Vamos ouvir as palavras de Zaratustra sobre a *libertação* do asco?

O que aconteceu comigo? Como me libertei do asco? Quem rejuvenesceu meu olhar? Como alcancei as alturas onde não há nenhuma "gentalha" sentada junto à fonte?

Será que o meu próprio asco me deu asas e forças para sentir a fonte? Realmente, tive de voar às maiores alturas para reencontrar a fonte do prazer!

Ó, meus irmãos, eu a encontrei! Aqui nas alturas jorra a fonte do prazer! E existe uma vida na qual nenhuma "gentalha" bebe da mesma água!

Para mim, a fonte do prazer transborda com força demais! E muitas vezes esvazia novamente o copo, quando quer enchê-lo.

Preciso aprender a me aproximar de você com mais modéstia; meu coração ainda transborda com muita força na sua direção:

Meu coração, no qual sinto arder o verão, breve, quente, melancólico, bem-aventurado, quanto meu coração-verão anseia pelo seu frescor!

Já passou a hesitante angústia da minha primavera! Já passaram os flocos de neve da minha maldade, em junho! Tornei-me todo verão, e em pleno meio-dia.

Um verão no máximo com fontes frias e uma bem-aventurada quietude; ó, venham, meus amigos, para que a quietude se torne mais bem-aventurada ainda!

Essa é a nossa altura e nosso lar; habitamos um local alto e íngreme demais para todos os impuros e a sua sede.

Dirijam seus olhares à fonte do meu prazer, amigos! Como ela poderia turvar-se, lá em cima? Com toda a sua pureza, ela vai mesmo é dar risada quando os vir.

Construímos nosso ninho na árvore do futuro; as águias trarão para nós, solitários, o alimento no bico!

Na verdade, não é nenhuma refeição da qual os impuros possam participar! Pensariam estar comendo fogo, e queimariam a boca.

Na verdade, não deixaremos nenhum lar preparado aqui para os impuros! Seu corpo e espírito chamariam nossa bem-aventurança de caverna de gelo.

Queremos viver como os ventos fortes bem acima deles, como vizinhos das águias, vizinhos da neve, e do Sol, assim como vivem os ventos fortes.

Quero soprar entre eles como um vento forte, e com meu espírito roubar o fôlego do espírito deles, é o que quer o meu futuro.

Na verdade, *Zaratustra* é um vento forte que varre as terras baixas. E aos seus inimigos e a tudo que cospe e escarra, ele dá o seguinte conselho: evitem cuspir *contra* o vento!

## Por que sou tão inteligente?

1

Por que sei *mais* do que os outros, sobre algumas coisas? Por que afinal sou tão inteligente? Nunca refleti sobre questões que não são questões, nunca me desperdicei. Por exemplo, nunca passei por autênticas dificuldades *religiosas*, por experiência própria. Desconheço totalmente até que ponto eu seria "pecaminoso". Da mesma forma, falta-me um critério confiável para o que seja um remorso; pelo que *ouvimos* a respeito, o remorso não me parece algo digno de atenção... Não pretendo deixar para *trás* nenhuma atitude, prefiro sistematicamente deixar os maus desenlaces, as *consequências*, fora da questão dos valores. Nos maus desenlaces perdemos facilmente o olhar *correto* para aquilo que fizemos: um remorso parece-me uma espécie de "olhar zangado". Algo que fracassa — e manter-se mais honrado ainda, *porque* fracassou — já tem mais a ver com a minha moral. "Deus", "imortalidade da alma", "salvação", "além", são todos conceitos aos quais não dediquei nenhuma atenção e nenhum tempo, nem mesmo quando criança, talvez eu não fosse infantil o bastante para isso.

Não reconheço o ateísmo como consequência, muito menos como acontecimento; eu o vejo, dentro de mim, a partir do instinto. Sou curioso demais, *questionador* demais, entusiasmado demais, para aceitar uma resposta muito grosseira. Deus é uma resposta grosseira, uma falta de delicadeza contra nós, pensadores, basicamente apenas uma proibição grosseira: vocês não devem pensar! Há outra questão que me interessa muito mais, e que está mais atrelada à "salvação da humanidade" do que a qualquer curiosidade teológica: a questão da *alimentação*. Para facilitar sua compreensão, podemos formulá-la assim: "Como você se alimenta para alcançar o máximo da sua força, de *virtù* ao estilo renascentista — de virtude livre de *moralina*?"

Nesse caso minhas experiências são as piores possíveis; fico espantado por ter aprendido essa pergunta tão tarde, aprendido tão tarde a ser "racional" a partir dessas experiências. Só o pouco valor da nossa cultura alemã — seu "idealismo", pode explicar-me, de alguma forma, por que justamente nesse caso fiquei tão atrasado, até quase a santidade. Desde o início essa "cultura" nos ensina a não ver as realidades, para perseguir apenas os assim chamados objetivos "ideais", bastante problemáticos, como por exemplo a "cultura clássica"; como se já não estivesse prédeterminado, desde o início, que "clássico" e "alemão" seriam reunidos num único conceito! Mais ainda, o efeito chega a ser divertido — imaginemos um morador de Leipzig, com uma "formação clássica"! Na prática, até os meus anos de maior maturidade, sempre comi *mal*; expressando-o moralmente, comi de forma "impessoal", "desinteressada", "altruísta", para o bem dos cozinheiros e outros companheiros cristãos. Por exemplo, por causa da culinária de Leipzig e meu primeiro estudo de Schopenhauer (1865) reneguei seriamente a minha "vontade de viver". Ainda assim, estragar o próprio estômago por causa de uma alimentação insuficiente pareceu-me um problema surpreendentemente resolvido pela citada culinária (dizem que em 1866 aconteceu uma transformação). Mas a culinária alemã em geral — quanta coisa lhe pesa na consciência! A sopa *antes* da refeição (nos livros de culinária veneziana do século XVI ela era chamada de "*alla tedesca*"); as carnes cozidas demais, os legumes preparados com muita gordura e farinha, o mingau que mais parece um peso de papéis! Se acrescentarmos as necessidades quase brutais dos velhos alemães, de um copo constantemente cheio, com o que se subentende também a origem do espírito alemão, de entranhas aflitivas... todo o espírito alemão é uma indigestão, ele não consegue lidar com nada. Mas a dieta inglesa, que, em comparação com a alemã e até mesmo com a francesa, é uma espécie de "retorno à natureza", ou seja, ao canibalismo, contraria totalmente meu instinto; parece-me que ela dá pés muito pesados ao espírito — pés de inglesas. A melhor culinária é a do Piemonte. As bebidas alcoólicas não me fazem bem; um copo de vinho ou de cerveja por dia é totalmente suficiente para fazer de minha vida "um vale de lágrimas". Em Munique vivem meus antípodas. Considerando que eu entendi isso um pouco tarde, na verdade eu o vivenciei desde criança. Quando rapazinho, no início eu acreditava que beber vinho fosse como fumar, só uma frivolidade de homens jovens, e, mais tarde, que fosse um mau hábito. Talvez o vinho de Naumburg também tenha uma parte de culpa nessa avaliação amarga. Eu precisaria ser cristão para acreditar que o vinho melhora o humor, isto é, acreditar o que justamente para mim é um absurdo. Muito raramente eu bebo pequenas doses de álcool, bastante dissolvidas, e já fico extremamente indisposto quando as doses são mais *fortes*, então, eu me transformo num marinheiro bêbado. Quando eu era rapaz, já extraía minha coragem disso. Já me era possível, quando eu era aluno da respeitável Schulpforta, escrever e transcrever uma longa dissertação em latim numa vigília noturna, com a dignidade na ponta da pena, imitando meu modelo salustiano em rigor e concisão e vertendo um certo grogue do mais pesado calibre sobre meu latim; isso não estava, de jeito nenhum, em contradição com a minha fisiologia, talvez nem com a de Salustiano, talvez apenas com a Schulpforta... Mais tarde, por volta da minha meia-idade, decidi naturalmente posicionar-me cada vez com mais rigor *contra* qualquer bebida "espirituosa": eu, um opositor do vegetarianismo por experiência própria, assim como Richard Wagner, que me convertera, não sei como recomendar com a necessária seriedade a incondicional abstinência de bebidas alcoólicas "*espirituosas*", de todos os tipos. A água me faz bem... Prefiro lugares em que se tem oportunidade de obtê-la de fontes naturais (Nice, Turim, Sils); um copinho me segue como um cãozinho fiel. *In vino veritas*: parece-me que aqui eu também estou em uníssono com todo mundo, a respeito do conceito "verdade"; em mim o espírito flutua sobre a água... Mais algumas indicações da minha moral. Uma refeição forte é mais fácil de digerir do que uma leve demais. O primeiro pressuposto de uma boa digestão é que o estômago comece a funcionar por inteiro. Precisamos *conhecer* o tamanho do nosso estômago. Pelo mesmo motivo aquelas morosas refeições que eu chamo de festas rituais interrompidas, aquelas na *table d'hôte*, são desaconselháveis. Nada de refeições nos intervalos, nada de café: o café deprime. O chá só é salutar de manhã. Pouco, mas forte; quando fica só um grau mais fraco o chá torna-se inconveniente, e tomá-lo durante o dia enfraquece a pessoa. Nesse caso cada um tem a sua medida, muitas vezes entre limites mais estreitos e delicados.

Num clima muito tenso o chá, como início, é desaconselhável; uma hora antes devemos começar bebendo uma xícara de cacau forte, sem óleo. Permanecer sentado pelo menor tempo possível; não dar crédito a qualquer pensamento que não provenha do espaço livre e de um movimento livre, no qual os músculos também não celebrem uma festa. Todo o preconceito provém das entranhas. Todo o sedentarismo — eu já disse isso — é o verdadeiro *pecado* contra o Espírito Santo.

## 2

A questão da alimentação é muito ligada à do local e do clima. Ninguém é livre para viver em qualquer lugar, e aquele que precisa solucionar grandes problemas, que exigem toda a sua força, possui nesse caso uma gama de opções muito reduzida. A influência do clima no metabolismo — sua inibição, sua aceleração — vai tão longe, que uma escolha errada do local e do clima não só atrapalha o trabalho da pessoa como pode até impedi-la de realizá-lo, ela nem consegue chegar a visualizá-lo. Nela, o vigor animal nunca se tornou suficientemente grande a ponto de alcançar a liberdade que transborda ao espírito, para que ela possa reconhecer: eu consigo fazer *isso* sozinha. Uma inércia visceral, por menor que seja, mas que já se tornou um mau hábito, é totalmente suficiente para transformar um gênio em algo medíocre, algo "alemão"; só o clima alemão já é suficiente para desanimar entranhas fortes e até heroicas. O ritmo do metabolismo está numa relação direta com a mobilidade ou a paralisia dos *pés* do espírito; o próprio espírito também é apenas um outro formato desse metabolismo. Se reunirmos os locais em que existem e existiram pessoas com uma certa riqueza de espírito, onde a anedota, o refinamento, a malícia faziam parte da felicidade, onde o gênio necessariamente fazia sua morada, veremos que todos têm um extraordinário ar seco. Paris, a Provença, Florença, Jerusalém, Atenas — esses nomes provam algo: o gênio *depende* do ar seco, do céu puro, quer dizer, do metabolismo rápido, da possibilidade de absorver sempre grandes, até mesmo imensas quantidades de força. Lembro-me de um caso em que um espírito conhecido e liberal tornou-se tapado, tímido, detalhista e azedo, só pela falta de sutileza do seu instinto para as condições climáticas. Eu mesmo poderia ter-me transformado num caso como esse, se a doença não me tivesse forçado à razão, à reflexão sobre a realidade. Agora que, depois de longo treino, já consigo perceber em mim os efeitos de origem climática e meteorológica, considerando-me um instrumento muito sutil e confiável, e numa breve viagem de Turim a Milão até conseguir calcular fisiologicamente a mudança da umidade do ar, penso horrorizado por que, com exceção dos últimos dez anos, que foram os anos de maior risco à minha vida, sempre vivi nos lugares errados e *proibidos* para mim. Naumburg, Schulpforta, a Turíngia em geral, Leipzig, Basileia são também muitos lugares bastante desfavoráveis para minha fisiologia. Como não tenho boas lembranças de toda a minha infância e juventude, seria uma bobagem dar valor às assim chamadas causas "morais" — ou seja, a indiscutível falta de companhia adequada, pois essa falta existe hoje, sempre existiu, sem que me impedisse de ser bem-aventurado e corajoso. A ignorância em *fisiologicis* — o maldito "idealismo" — é a verdadeira fatalidade da minha vida, o que há de supérfluo e ignorante nela, algo que não produziu nada de bom e para o qual não há nenhuma compensação, nenhuma contrapartida. A partir das consequências desse "idealismo" é que explico todos os conceitos errados, todos os grandes enganos do instinto e as "modéstias" tão distantes da *missão* da minha vida, por exemplo, o fato de eu ter sido filólogo — por que no mínimo não fui médico, ou qualquer outra coisa que me proporcionasse uma grande abertura de visão? No tempo em que estive na Basileia, toda minha dieta espiritual, inclusive a agenda do dia, era um desperdício totalmente sem sentido de forças extraordinárias, sem uma recarga de certa forma compensatória dessas forças, sem uma reflexão sobre o seu consumo e a sua reposição. Faltou um egoísmo mais sutil, a proteção de um instinto imperioso; foi como igualar-se a qualquer um, uma abnegação de si mesmo, um esquecer-se das distâncias, algo que nunca me perdoarei. Quando eu estava quase no final, e pelo fato *de que* eu quase estava no final, comecei a refletir sobre essa irracionalidade básica da minha vida — "o idealismo". Só a *doença* trouxe-me de volta à razão.

3

A escolha da alimentação; do clima e do local; e a terceira coisa que não se pode errar de jeito nenhum é a escolha do tipo de *restabelecimento*. Nesse caso também, segundo o grau de especificidade de um espírito, os limites do que lhe é permitido, isto é, do que lhe é *útil*, são bastante estreitos. No meu caso, o restabelecimento se constitui em parte de vários tipos de *leitura*; consequentemente, de tudo aquilo que me liberta de mim mesmo, o que me permite passear nas ciências e nas almas alheias — no que eu não acho muito sério. A leitura me descansa da *minha* seriedade. Em períodos de trabalho intenso não se consegue encontrar livros à minha volta; eu não deixaria ninguém falar, nem mesmo pensar perto de mim. E isso inclui a leitura... Será que alguém já observou que naquela profunda tensão à qual a gestação condena o espírito e basicamente todo o organismo, o acaso, e todo tipo de estímulo externo parecem veementes demais, parecem ter um "impacto profundo"? Devemos evitar o máximo possível o acaso, o estímulo externo; uma espécie de "enclausuramento" faz parte das primeiras habilidades do instinto, da gestação espiritual. Como eu poderia permitir que um pensamento *alheio* pule o muro secretamente? E isso quer dizer "ler"... Aos tempos de trabalho e fertilidade segue-se o tempo do descanso: venham para cá, seus agradáveis, inteligentes, temidos livros! Serão livros alemães? Calculo que tive um livro em mãos, pela última vez, meio ano atrás. O que era mesmo? Um estudo formidável de Victor Brochard, *Les Sceptiques Grecs*, no qual minhas Laertianas também são bem utilizadas. Os céticos, os únicos dignos de respeito dentre a população tão ambígua dos filósofos!... No mais, quase sempre busco refúgio naqueles mesmos livros, basicamente um pequeno número, já comprovadamente adequados para mim. Talvez ler muito e sobre muitas coisas não seja da minha natureza; um recinto de leitura me deixa doente.

Também não é da minha natureza amar muito ou muitas coisas. Cuidado, até mesmo a antipatia por novos livros é mais condizente com meus instintos do que a antipatia contra a "tolerância", a "*largeur du coeur*" e outros "amores ao próximo"... Basicamente sempre retorno a um pequeno número de franceses mais velhos: acredito apenas na cultura francesa, e considero um mal-entendido todo o resto que chamam de "cultura" na Europa, sem falar na cultura alemã... Os poucos casos de uma cultura superior que encontrei na Alemanha eram todos de origem francesa, sobretudo da senhora Cosima Wagner, de longe a primeira voz em questões de bom gosto... O fato de eu não ler Pascal mas amá-lo, como a mais exemplar vítima do cristianismo, assassinado lentamente, primeiro física e depois psicologicamente, com toda a lógica dessa mais terrível forma de crueldade humana; o fato de eu ter algo da malícia de Montaigne no meu espírito, quem sabe, talvez até no meu corpo; o meu gosto de artista, que defende nomes como Molière, Corneille e Racine, sem excetuar minha raiva contra um gênio tumultuado como Shakespeare; tudo isso não exclui o fato de que, para mim, os últimos franceses também seriam uma charmosa companhia. De forma alguma eu deixo de perguntar em que século da história poderíam reunir-se psicólogos tão curiosos e ao mesmo tempo tão delicados como na Paris de agora; menciono alguns exemplos — pois seu número não é pequeno — o senhor Paul Bourget, Pierre Loti, Gyp, Meilhac, Anatole France, Jules Lemaitre, ou então, destacando um de raça forte, um latino autêntico de quem gosto especialmente, Guy de Maupassant. Dou preferência a *essa* geração e até a seus grandes mestres, porque, aqui entre nós, foram todos prejudicados pela filosofia alemã. O senhor Taine, por exemplo, tão prejudicado por Hegel, a quem ele deve o mal-entendido dos grandes homens e dos grandes tempos. Até onde a Alemanha alcança, *estraga* a cultura. Só a guerra "liberou" o espírito na França...Stendhal, um dos mais belos acasos da minha vida — pois tudo que nele fez época foi o acaso que me trouxe, nunca uma recomendação — com seu olhar de psicólogo e dons premonitórios, é inestimável sua capacidade de captação dos fatos, que lembra a proximidade das maiores realidades positivas (*ex ungue Napoleonem*); e finalmente, não menos, por ser um ateu *sincero*, uma "*species*" rara e pouco encontrada na França — *in honorem*, Prosper Mérimée... Talvez eu mesmo tenha inveja de Stendhal... Ele tomou de mim a melhor anedota sobre o ateísmo, uma anedota que eu mesmo poderia ter feito: "A única desculpa de Deus é ele não existir"... Eu mesmo disse, em algum lugar: "Qual foi a maior ressalva, até agora, contra a existência? Deus...".

4

Quem me mostrou o mais elevado conceito de lírica foi *Heinrich Heine*. Procurei em vão em todos os reinos dos últimos milênios uma música assim, doce e intensa. Ele possuía aquela malícia divina, sem a qual nem consigo imaginar a perfeição; julgo o valor dos seres humanos, das raças, pelo quanto consideram necessário não deixar de vincular o seu deus ao sátiro. E como o alemão sabe fazer isso! Um dia se poderá dizer que Heine e eu fomos de longe os primeiros artistas da língua alemã — a uma distância incalculável de tudo que alemães comuns fizeram com ela. Devo ter um profundo parentesco com o Manfredo, de Byron; encontrei todos aqueles abismos em mim — com treze anos de idade eu já estava maduro para essa obra. Não pronuncio nenhuma palavra, só lanço um olhar de soslaio para aqueles que, na presença do Manfredo, ousaram expressar a palavra Fausto. Os alemães são *incapazes* de qualquer conceito de grandeza: Schumann é a prova. Só de raiva contra esse saxão adocicado, compus uma contra-abertura ao Manfredo, da qual Hans von Bülow disse nunca ter visto algo semelhante, escrito num papel de notas, que aquilo teria sido uma violação de Euterpe. Quando busco minha mais elevada fórmula para *Shakespeare* encontro apenas esta: ele concebeu o tipo "César". Não se adivinham essas coisas; ou se é, ou não se é isso. O grande poeta só cria a partir de uma realidade — até o grau em que não suporta mais sua obra... Depois de dar uma olhada no meu *Zaratustra*, ando de um lado a outro no quarto por meia hora, incapaz de controlar um insuportável acesso de soluços. Não conheço nenhuma leitura que me despedace tanto o coração quanto a da obra de Shakespeare; o que uma pessoa deve ter sofrido, a ponto de ter a necessidade de ser tão tolo!

Dá para *entender* o Hamlet? Não é a dúvida, mas a

certeza que enlouquece... Para sentir isso é preciso ser um filósofo profundo, abissal... Todos nós *tememos* a verdade... E, para confirmá-lo: instintivamente tenho certeza de que Lord Bacon é o autor, o autoflagelador desse tipo muito sinistro de literatura; afinal, o que me importa essa tagarelice lastimável de americanos doidos e tolos? A força para a mais poderosa realidade de visão não é apenas compatível com a força mais poderosa para a ação, mas também para o terrível da ação, para o crime — *ela se pressupõe a si mesma*... Ainda não conhecemos o suficiente sobre Lord Bacon, o primeiro realista no verdadeiro sentido da palavra, para saber o que ele fez, *o que* ele quis, o que ele vivenciou... E vão para o diabo que os carregue, os senhores críticos! Supondo que eu tivesse batizado o meu *Zaratustra* a partir de um nome alheio, por exemplo, o de Richard Wagner, a perspicácia de dois milênios não teria sido suficiente para perceber que o autor de *Humano, demasiado humano* é o visionário de *Zaratustra*....

5

Aqui, em que falo dos meus restabelecimentos, ao longo da minha vida, devo uma palavra de gratidão ao que, de longe, restabeleceu-me mais profunda e gentilmente. Sem dúvida foi o contato íntimo com Richard Wagner. Vendo por um preço bem baixo o restante dos meus relacionamentos humanos; não quero desfazer-me, por preço nenhum, dos dias alegres da minha vida, dias de confiança, de serenidade, de acasos sublimes, de instantes *profundos*... Não sei o que os outros vivenciaram com Wagner, no nosso céu nunca passou uma nuvem sequer. E, assim, volto mais uma vez à França — não tenho motivos, tenho apenas um certo desdém contra os wagnerianos *et hoc genus omne*, que acreditam admirar Wagner por acharem-no semelhante a eles... Do mesmo modo que sou alheio a tudo que é alheio aos meus instintos mais profundos, a ponto de ter indigestão com a simples presença de um alemão, respirei fundo pela primeira vez na minha vida em meu primeiro contato com Wagner. Eu achei que o admirava como se ele fosse um *país estrangeiro*, como um contraste, como um protesto concreto contra todas as "virtudes alemãs". Nós, que fomos crianças nos ares insalubres dos anos cinquenta, somos necessariamente pessimistas quanto ao conceito "alemão"; não podemos ser outra coisa senão revolucionários — não aceitaremos nenhuma situação em que o piedoso hipócrita esteja numa posição superior. Para mim, tanto faz se Wagner hoje toca com outras cores, se veste roupas escarlate e usa o uniforme dos hussardos...Vá lá! Ele era um revolucionário — fugia dos alemães... Como *artistas* não temos outra pátria na Europa a não ser Paris; a delicadeza da arte em todos os cinco sentidos, que pressupõe a arte de Wagner, o tino para as nuanças, a morbidez psicológica, só são encontrados em Paris. Em nenhum outro lugar encontramos essa paixão pela forma, essa seriedade na *mise-en-scène* — é a seriedade parisiense *par excellence*. Na Alemanha não se tem nenhuma noção da imensa ambição que vive na alma de um artista parisiense. O alemão é benevolente — Wagner não era benevolente de jeito nenhum... mas eu já falei o suficiente (no *Além do bem e do mal*) sobre o lugar a que Wagner pertence e quem ele considera como seus parentes mais próximos: é o romantismo tardio francês, com aquele tipo de artista que subia rapidamente e voava alto, como Delacroix, Berlioz, com um sentimento enfermiço, de incurabilidade do espírito, fanáticos da *expressão*, virtuosos de cima a baixo... Afinal, quem foi o primeiro adepto *inteligente* de Wagner? Charles Baudelaire, aquele mesmo que foi o primeiro a entender Delacroix, o decadente típico, com o qual toda uma geração de artistas se identificou — e talvez também tenha sido o último... O que eu nunca perdoei em Wagner? A sua *condescendência* para com os alemães — o fato de ter-se tornado um alemão imperial... Onde a Alemanha alcança, ela estraga a cultura.

## 6

Numa avaliação geral de tudo isso, posso dizer que eu não teria suportado minha juventude sem a música de Wagner. Fui *condenado* aos alemães. Quando queremos libertar-nos de uma pressão insuportável, precisamos do haxixe. Pois bem, eu precisava de Wagner. Ele é o antídoto contra tudo que é alemão *par excellence* — e que é um veneno, não nego... A partir do momento em que ele começou a tocar o *Tristão* no piano — meus cumprimentos, senhor von Bülow! — eu me tornei wagneriano. Vi as obras mais antigas de Wagner bem abaixo de mim — ainda eram ordinárias demais, "alemãs" demais... Hoje ainda procuro uma obra com a mesma fascinação perigosa do *Tristão*, de infinitude igualmente assustadora e doce — busco isso em todas as artes, em vão. Todos os estrangeirismos de Leonardo da Vinci desencantam-se diante do primeiro acorde do *Tristão*. Essa obra é de longe o *non plus ultra* de Wagner; ele se recuperava dela com os mestres cantores e o *Anel*... Tornar-se mais saudável — é um *retrocesso* numa natureza como a de Wagner... Considero uma felicidade de primeira categoria ter vivido na época certa e justamente no meio dos alemães, a fim de estar *maduro* para essa obra; como podem ver, a minha curiosidade de psicólogo vai longe. O mundo é pobre para quem nunca foi suficientemente doente para essa "luxúria do inferno"; nesse caso permite-se, ou quase se torna obrigatório, o emprego de uma fórmula mística. Eu acho que conheço melhor do que qualquer um o horror pelo qual Wagner passou, os cinquenta mundos de encantos estranhos, para os quais ninguém, fora ele, tinha asas. E como sou forte o bastante para reverter as coisas mais discutíveis e perigosas numa vantagem para mim e assim tornar-me mais forte ainda, considero Wagner o grande benfeitor da minha vida. Aquilo em que somos aparentados, o fato de termos sofrido, e ainda poderemos sofrer, inclusive um pelo outro, mais profundamente do que as pessoas deste século, ligará nossos nomes para todo o sempre; e tão certo quanto Wagner ser mal entendido entre os alemães, eu também o sou, e sempre serei. Dois séculos de disciplina psicológica e artística em primeiro lugar, meus senhores germanos!... Mas isso não se recupera.

## 7

Direi uma última palavra para ouvidos mais selecionados: o que na verdade espero da música? Que ela seja serena e profunda, como uma tarde de outubro. Que ela seja singular, divertida, carinhosa, uma mulherzinha doce, cheia de malícia e encanto... Nunca admitirei que um alemão saiba o que é música. O que chamamos de "músicos alemães", os maiores dentre eles, são de fato todos *estrangeiros:* eslavos, croatas, italianos, holandeses — ou judeus; em outros casos são alemães de raça forte, alemães já *falecidos*, como Heinrich Schütz, Bach e Händel. Eu mesmo ainda sou polonês o bastante para deixar o resto da música com Chopin; por três motivos também, excluo o idílio de Siegfried, de Wagner, e talvez também Liszt, que, na vanguarda de todos os músicos, criou os elegantes acordes orquestrais; e por fim ainda tudo que se criou para além dos Alpes — *aquém*... eu não deixaria faltar Rossini, muito menos o *meu* sul na música, a música do meu maestro veneziano Pietro Gasti. E quando digo para além dos Alpes, na verdade refiro-me apenas a Veneza. Quando procuro uma outra palavra para música, encontro sempre a palavra Veneza. Não consigo fazer nenhuma diferença entre as lágrimas e a música, tenho a felicidade de nunca deixar de ter um arrepio de emoção quando penso no *sul*.

Permaneci ali, junto à ponte
Eu era jovem, a noite era escura
De longe veio uma canção
Gotas douradas fluíram
Sobre a superfície trêmula
Gôndolas, luzes, música
Ébrios para além das trevas...
Minha alma era um jogo de cordas
Que soava, tocando invisivelmente
E em segredo uma canção de gondoleiro
Trêmula de alegre serenidade
Será que alguém a ouviu?...

## 8

Em tudo isso — na escolha da alimentação, do local e do clima, do restabelecimento — existe um instinto de autopreservação que se expressa sem ambiguidade como instinto de *autodefesa*. Não ver muitas coisas, não ouvi-las, não deixar que se aproximem — é a primeira mostra de inteligência, a primeira prova de que não somos um acaso, mas uma necessidade. A palavra corrente para esse instinto de autodefesa é *gosto*. Seu imperativo não só exige que se diga não, quando o *sim* seria um altruísmo, mas também dizer não o *menos possível.* Separar-se, afastar-se constantemente, sempre que for necessário dizer não. O racional nisso é que os desgastes defensivos, mesmo os pequenos, quando se tornam uma regra, um hábito, produzem um empobrecimento extraordinário e totalmente supérfluo. Nossos *grandes* desgastes são sempre os pequenos em grande quantidade. A defesa, o não "deixar aproximar-se", é um desgaste — não podemos iludir-nos a respeito disso — uma energia *desperdiçada* para objetivos negativos. Podemos ficar tão fracos com a necessidade constante de defesa, tão fracos a ponto de não conseguirmos mais nos defender. Suponhamos que eu saia de casa e encontre, em vez da tranquila e aristocrática Turim, uma pequena cidade alemã... meu instinto se fecharia para rejeitar tudo que tentasse penetrar nele, desse mundo baixo e covarde. Ou então eu encontraria a cidade grande alemã, esse vício construído, onde não cresce nada, onde qualquer coisa, boa e ruim, faz parte do mesmo pacote. Com tudo isso, eu não deveria tornar-me um porco-espinho? Mas ter espinhos é um desperdício, até mesmo um duplo luxo, quando somos livres para não tê-los, e sim para termos nossas mãos *abertas...*

Outra atitude inteligente e de autodefesa consiste em reagirmos o menos possível às coisas, e evitarmos situações e condições em que estaríamos condenados a excluir nossa "liberdade" e nossa iniciativa, e nos tornarmos meros reagentes. Comparo isso ao modo como lidamos com os livros. O erudito, que basicamente só "folheia" os livros — o filólogo com módicos duzentos por dia, em média — acaba perdendo totalmente a capacidade de pensar por si mesmo. Se ele não folhear, não pensa. Ele *responde* a um estímulo (um pensamento lido) quando pensa — e finalmente só reage. O erudito gasta toda a sua energia no ato de dizer não e sim, na crítica ao que já foi pensado, pois ele mesmo não pensa mais... O seu instinto de autodefesa ficou fraco; caso contrário ele se voltaria contra os livros. O erudito — um decadente. Isso eu vi com meus próprios olhos; naturezas talentosas, ricas e de espírito livre, já aos trinta anos de idade "gastas" de tanto ler, meros palitos de fósforo que precisam ser esfregados para acenderem — para produzirem "pensamentos". Ler um *livro* logo cedo, ao raiar do dia, no frescor da manhã, na aurora da própria energia — isso é o que eu chamo de vício!

9

Neste ponto não podemos mais evitar dar uma resposta à pergunta: como nos tornamos o que somos? E com isso toco na obra-prima da arte da autopreservação — o egocentrismo... Supondo, obviamente, que a missão, a determinação, o destino da missão está bem acima de uma dimensão mediana, nenhum perigo seria maior do que ver a si mesmo nela. Tornar-se o que se é pressupõe que não se tenha a mais longínqua noção do que se é. Desse ponto de vista até mesmo os equívocos da vida têm seu próprio significado e valor, os caminhos vicinais e desvios temporários, os retardamentos, as "modéstias", a seriedade, todos desperdiçados com missões que estão além da missão. Uma grande inteligência pode expressar-se nisso, até uma inteligência máxima: onde o *nosce te ipsum* fosse uma receita para o declínio, esquecer-se, *entender-se mal*, diminuir-se, estreitar-se, achatar-se seria a própria razão. Expressando isso moralmente: amar o próximo, viver para os outros e para outras coisas *pode* ser a regra da medida de proteção para a manutenção de um ego mais forte. Esse é um caso excepcional, no qual, contrariamente às minhas regras e minha convicção, tomo o partido dos impulsos "altruístas": eles trabalham a serviço da *egocentrismo, do autocultivo.* Devemos manter toda a superfície da consciência — a consciência é uma superfície — limpa de qualquer um dos grandes imperativos. Tomar cuidado com qualquer grande palavra, qualquer grande atitude! Há muitos perigos de que o instinto "se entenda" cedo demais — enquanto isso, cresce cada vez mais nas profundezas a "ideia" organizadora, chamada a dominar —, ela começa a mandar, ela reconduz lentamente a volta pelos caminhos vicinais e os desvios, prepara algumas qualidades e capacidades que um dia provarão ser indispensáveis como meios para se chegar ao todo — ela vai formando, ordenadamente, todos os recursos que possam servi-la, antes de deixar transparecer alguma coisa da missão dominante, da "meta" , do "motivo" , do "significado".

Vista desse ângulo a minha vida é simplesmente maravilhosa. Para um trabalho de transvaloração de valores talvez fossem necessários mais recursos do que os inerentes em um único indivíduo, sobretudo também recursos opostos, sem que entrassem em conflito, sem que se destruíssem. Numa ordem hierárquica os recursos são: distância; a arte de separar sem criar inimizade; não misturar nada, não "reconciliar" nada; uma tremenda multiplicidade, que apesar disso é o oposto do caos — essa foi a precondição para o longo trabalho oculto e a arte do meu instinto. Sua máxima proteção mostrou ser tão forte, que em nenhum momento eu tive qualquer noção do que crescia em mim — de que um dia todas as minhas capacidades de repente saltariam à vista, maduras, na sua mais definitiva completude. Não me lembro de ter-me esforçado, em nenhum momento — não se pode comprovar nenhuma vontade de luta na minha vida, sou o oposto de uma natureza heroica. "Querer" algo, "lutar" por algo, ter em vista um "objetivo", um "desejo" — não conheço nada disso a partir de experiências. Neste momento ainda olho para o meu futuro — um amplo futuro, como para um oceano muito liso: nenhuma exigência o deixa encrespado. Não quero, de jeito nenhum, que alguma coisa se torne diferente do que é; eu mesmo não quero tornar-me diferente. Sempre vivi assim. Não tive nenhum desejo. Sou alguém que, depois do seu quadragésimo quarto ano de vida, pode dizer que nunca se empenhou em obter *honrarias, mulheres e dinheiro*! Não que tivessem faltado... Assim, por exemplo, um dia fui professor universitário — nunca, nem de longe, eu havia pensado em tal coisa, pois ainda não completara 24 anos de idade. Assim, um dia, dois anos antes, eu me tornei filólogo, quando meu primeiro trabalho filológico, meu início em todos os sentidos, foi requisitado pelo professor Ritschl para ser publicado e integrado ao seu "*Rheinisches Museum*". (Ritschl — eu digo isso com muito respeito — foi o único erudito genial que já vi até hoje. Ele possuía aquela agradável perversidade que nos destaca, a nós turíngios, e com a qual inclusive um alemão torna-se simpático; até para chegar à verdade, ainda priorizamos os caminhos tortuosos. Com estas palavras, espero não ter subestimado meu conterrâneo, o inteligente Leopold von Ranke...)

## 10

Neste ponto, é preciso que se faça uma grande reflexão. Vão perguntar-me por que contei todas essas coisas insignificantes e que, de acordo com a avaliação tradicional, têm tão pouca importância. Prejudico a mim mesmo com isso, mais ainda quando estou determinado a defender grandes trabalhos. Resposta: essas pequenas coisas — alimentação, local, clima, restabelecimento, toda a casuística do egocentrismo — são, para além de todos os conceitos, mais importantes do que tudo que se considerou importante até agora. Justamente isso é que precisamos começar a reaprender. O que a humanidade até agora considerou como sério nem são realidades, são meras ilusões, ou mais exatamente mentiras, provenientes dos maus instintos de naturezas doentias e prejudiciais no seu sentido mais profundo — todos os conceitos "Deus", "alma", "virtude", "pecado", "além", "verdade", "vida eterna"... Mas sempre se procurou neles a grandeza da natureza humana, sua "divindade"... Com isso, todas as questões da política, da ordem social, da educação foram profundamente falsificadas, a ponto de as pessoas mais funestas serem consideradas "grandes homens" — e nos ensinaram a desdenhar as "pequenas coisas", digo, as questões fundamentais da vida... Nossa cultura atual é ambígua no mais alto grau... O imperador alemão pactuando com o papa, como se o papa não fosse o representante do antagonismo mortal à vida!... O que é construído hoje é destruído em três anos. Quando avalio a mim mesmo pelo que *posso*, sem falar no que virá depois de mim, uma revolução, uma reconstrução sem igual, então eu tenho, mais do que qualquer mortal, o direito à palavra grandeza. Se eu me comparar às pessoas que até agora foram veneradas como *primeiras*, a diferença é palpável. Nem coloco essas supostas primeiras como integrantes das pessoas em geral — para mim elas são refugo, frutos de doenças e de instintos vingativos; são monstros insalubres, basicamente incuráveis, que se vingam da vida... Quero ser o oposto disso; minha prerrogativa é ter a mais elevada sensibilidade para todos os sinais de instintos saudáveis. Não há nenhum traço doentio em mim; até mesmo na época da minha grave doença não me tornei doentio; é inútil procurar em meu ser algum traço de fanatismo. Não se poderá provar, em nenhum momento da minha vida, a existência de qualquer atitude arrogante ou patética. O *pathos* das atitudes não faz parte da grandeza; aquele que necessita de atitudes é falso... Cuidado com todas as pessoas pitorescas! A vida tornou-se leve para mim, e mais leve ainda quando exigiu de mim o mais difícil. Quem me viu nos setenta dias desse outono, em que eu fiz, sem interrupções, muitas coisas de primeira categoria que ninguém consegue imitar ou apresentar, com uma responsabilidade que atravessará todos os milênios depois de mim, não terá percebido nenhum traço de tensão em mim, muito pelo contrário, um frescor e uma serenidade transbordantes. Nunca comi com sensações tão agradáveis, nunca dormi melhor. Não conheço nenhuma outra forma de lidar com as grandes tarefas que não seja a *brincadeira*: esta sim, como sinal de grandeza, um pressuposto essencial. A mínima pressão, o semblante sinistro, um tom mais duro de voz, são todos ressalvas contra uma pessoa, e muito mais ainda contra sua obra!.... Não devemos ser nervosos... *Sofrer* na solidão também é uma ressalva — eu sempre sofri apenas na "multidão"... Numa idade absurdamente precoce, com sete anos, eu já sabia que nunca uma palavra humana me alcançaria; alguém já me viu triste por causa disso? Ainda hoje eu trato todo mundo com a mesma afabilidade, dou muita importância aos pequenos: em tudo isso não há um grãozinho de altivez, de desdém secreto. *Quando* desprezo alguém, essa pessoa *adivinha* que é desprezada por mim; pela minha simples existência, deixo indignado tudo que tem sangue ruim no corpo... Minha fórmula para a grandeza nas pessoas é o *amor fati*: não querer mais nada, nem para a frente, nem para trás, nem em toda a eternidade. Não só suportar o necessário, muito menos encobri-lo — todo o idealismo é falso diante do que é necessário — mas *amá-lo*....

## Por que escrevo livros tão bons

### 1

Uma coisa sou eu, outra são meus escritos. Antes de falar dos meus escritos, discutirei o fato de eles serem ou não entendidos. Eu o farei relaxadamente, considerando a questão tal como se apresenta, pois ainda não é o momento de se fazer essa pergunta, de modo algum. Também ainda não é o meu momento. Um dia qualquer teremos necessidade de instituições nas quais possamos viver e ensinar, do modo como eu entendo o que é viver e ensinar; talvez até mesmo criando disciplinas próprias para a interpretação do *Zaratustra*. Mas seria uma total contradição, se hoje eu já esperasse ouvidos *e mãos* para *minhas* verdades. Não só é compreensível, mas também parece-me correto que hoje ainda não se ouça, não se saiba como acolher minhas coisas. Não quero ser confundido — e isso implica não me confundir também. Mais uma vez eu digo, não há nenhuma "má vontade" contra mim, pelo menos nenhuma que se possa comprovar; eu também não teria nenhum caso para contar sobre a "má vontade" literária. Por outro lado, tenho muito a contar sobre meras bobagens... Parece-me que uma das mais raras distinções que alguém pode demonstrar é pegar um livro meu — eu até presumo que ele tire os sapatos para isso, sem falar nas botas... Quando uma vez o doutor Heinrich von Stein queixou-se sinceramente de não ter entendido uma única palavra do meu *Zaratustra*, eu lhe disse que já estaria muito bom se ele tivesse entendido seis frases, e que tê-las *vivenciado* poderia elevá-lo a um grau superior entre os mortais, o das pessoas "modernas". Com essa sensação de distanciamento, como eu poderia querer ser lido pelos "modernos" que conheço! Meu triunfo é justamente o inverso do de Schopenhauer — eu digo "*non* legor, *non* legar". Não que eu queira subestimar o prazer que muitas vezes me proporcionou a *inocência* de dizer não a meus escritos. Ainda neste verão, numa época em que eu talvez tenha desequilibrado todo o restante da literatura com a minha literatura muito pesada, pesada demais, como me deu a entender cordialmente um professor da Universidade de Berlim, dizendo-me que eu deveria realmente usar uma outra forma de escrever, pois algo assim ninguém leria. Na verdade não foi da Alemanha, mas da Suíça que vieram os dois casos extremos. Um artigo do Dr. V. Widmann no *Bund* sobre o *Além do bem e do mal*, com o título "O livro perigoso de Nietzsche", e um relato geral sobre meus livros por parte do senhor Karl Spitteler, igualmente no *Bund*, são um máximo na minha vida — eu me abstenho de dizer do que eles são o "máximo"... Por exemplo, ele trata o meu *Zaratustra* como um "exercício superior de estilo", com os votos de que futuramente eu também cuide do conteúdo. O Dr. Widmann contou-me que notou a coragem com que eu me empenhei em eliminar todos os sentimentos bem-comportados. Por meio de uma pequena maldade do acaso, com uma lógica que admirei muito, cada frase foi uma verdade colocada às avessas; basicamente não havia nada a fazer a não ser "transformar todos os valores", para, de uma forma até notável, tentar acertar a cabeça do prego no que me diz respeito, em vez de acertar minha cabeça com o prego... E cada vez mais tento encontrar uma explicação. Afinal, ninguém consegue extrair mais das coisas — inclusive dos livros — do que já sabe. Não se tem ouvidos para o que não se tem acesso em vivências. Vamos imaginar um caso extremo, em que um livro fala de diversas vivências, que estão além da possibilidade de uma experiência frequente ou apenas rara, e que seja a *primeira* linguagem para uma nova série de experiências. Nesse caso simplesmente não se ouve nada, e se tem a ilusão acústica de que, onde não se ouve nada, *também não há nada*... Essa é a minha experiência geral, e, se quisermos, *a originalidade* da minha experiência. Quem acreditou ter entendido algo de mim conseguiu definir-me segundo sua imagem — não raro, um oposto de mim, por exemplo, um "idealista"; quem não entendeu nada de mim, negou até que eu tivesse alguma importância. A expressão "*ser humano superior*" para a definição de um tipo humano da mais seleta educação, em contraste com o ser humano "moderno", o ser humano "bom", o cristão e outros niilistas — uma expressão que, na boca de um Zaratustra, o *destruidor* da moral, torna-se muito reflexiva, foi entendida em quase todos os lugares com uma total inocência, no sentido daqueles valores cujos opostos surgiram na figura de Zaratustra, e define o tipo "ideal" de pessoa superior, meio "santo", meio "gênio"... Por causa dela outro bando de eruditos considerou-me suspeito de darwinismo; até mesmo o "culto ao herói", tão rejeitado por mim, daquele Carlyle tão falso, avesso ao saber e à vontade, foi identificado nela. Quando eu sussurrava ao ouvido de alguém que seria melhor procurar um César Bórgia do que um Parsifal, ele não acreditava no que ouvia. Espero que me desculpem se tenho uma total falta de curiosidade em relação às discussões sobre os meus livros, principalmente em jornais. Meus amigos, meus editores, sabem disso e não conversam comigo a esse respeito. Num caso em especial jogaram-me na cara todos os pecados de um único livro — era o *Além do bem e do mal*; eu deveria fazer um relato bem-comportado sobre isso. Será que dá para acreditar que o *Nationalzeitung*, um jornal prussiano — com sua licença, quero comentar com meus leitores estrangeiros que leio apenas o *Journal des Débats* —, interpretou seriamente o livro como um "sinal dos tempos", como a autêntica filosofia direitista, para a qual o *Kreuzzeitung* não teria coragem...

## 2

Isso foi dito para os alemães, pois tenho leitores em todos os outros lugares — inteligências *selecionadas*, caracteres comprovadamente educados, em elevados cargos e funções; dentre os meus leitores há verdadeiros gênios. Em Viena, São Petersburgo, Estocolmo, Copenhague, Paris e Nova York — em todos os lugares sou descoberto; mas *não* o sou na planície da Alemanha, na Europa... E, visto que confesso isso, alegro-me mais ainda com os meus não-leitores, aqueles que nunca ouviram meu nome nem a palavra filosofia. Mas em qualquer lugar que eu vá, aqui em Turim, por exemplo, todos os semblantes se alegram e se reanimam ao me verem. O que mais me lisonjeou até agora foi que velhas colhedoras de uvas não descansaram até terem escolhido os cachos mais doces para mim. É onde se deve chegar, como filósofo... Não é à toa que os poloneses são chamados de "franceses" entre os eslavos. Uma russa charmosa não se enganará, nem por um momento, a respeito do lugar a que pertenço. Não consigo ser festivo, no máximo chego a ficar constrangido... Pensar em alemão, sentir em alemão — até consigo fazer tudo isso, mas está além das minhas forças... Meu velho professor Ritschl até afirmava que eu concebia meus trabalhos filológicos como um romancista parisiense — ou seja, absurdamente palpitantes. Na própria Paris as pessoas se espantam com "*toutes mes audaces et finesses*" — a expressão é de Monsieur Taine —; eu acho que até nas formas mais elevadas do ditirambo pode ser encontrado, no meu trabalho, um pouco daquele sal que nunca é uma burrice — não é "alemão"— é *esprit*... Não consigo fazer as coisas de outro modo. Deus me ajude! Amém. Todos sabemos, alguns até por experiência própria, o que é um "orelhudo". Bem, eu até ouso afirmar que minhas orelhas são bem pequenas. Isso interessa muito às mulherzinhas — acho até que elas se sentem melhor compreendidas por mim... Sou o *antiburro par excellence*, um monstro histórico-universal — em grego, e não só em grego, sou o *anticristo*...

3

Conheço razoavelmente bem meus privilégios de escritor. Em alguns casos também já me disseram o quanto o hábito de ler meus textos "estraga" o bom gosto. Não se tem mais vontade de ler outros livros, menos ainda os filosóficos. É uma distinção sem igual, entrar nesse mundo elegante e delicado — para isso não se pode ser alemão, de jeito nenhum, afinal é uma distinção que se obtém por merecimento. Mas aquele que é meu semelhante pela *superioridade* da vontade vivencia verdadeiros êxtases de aprendizado, pois venho de alturas que nenhum pássaro jamais alcançou em seus voos, conheço abismos nos quais nenhum pé jamais pisou. Disseram-me ser impossível largar um livro meu — e que eu até perturbaria o descanso noturno das pessoas... E que não existe nenhum tipo de livro mais orgulhoso e refinado; que aqui e ali eles alcançam o grau mais elevado que pode ser alcançado na terra, o cinismo; devemos conquistá-los com os dedos mais delicados e os punhos mais destemidos. Eles excluem, de uma vez por todas, toda fragilidade da alma e qualquer dispepsia; não precisamos ser nervosos, precisamos ter um ventre alegre. Não excluímos apenas a pobreza, mas também o vazio da alma, e muito mais ainda o covarde, sujo, secretamente vingativo que habita as entranhas; uma palavra minha força todos os maus instintos a se revelarem. Alguns conhecidos meus são cobaias, com os quais posso conhecer as várias reações aos meus escritos, instrutivamente diversas. Aqueles que não quiserem ter nada a ver com o seu conteúdo, por exemplo, os meus assim chamados amigos, costumam tornar-se "impessoais"; desejam-me boa sorte, congratulam-me por "chegar lá" novamente — inclusive apontando um certo progresso quanto a um tom mais sereno... Os "espíritos" totalmente perversos, as "belas almas", os profundamente falsos simplesmente não sabem o que fazer com esses livros — portanto, eles os veem *abaixo* deles, a bela lógica de todas as "belas almas". Os mais burros entre os meus conhecidos, meros alemães, com sua licença, dão a entender que nem sempre têm a mesma opinião que eu, no entanto, às vezes, por exemplo... Eu mesmo ouvi isso sobre o *Zaratustra*... Da mesma forma, todo o "feminismo" no ser humano, até mesmo no homem, é um mistério para mim: nunca penetraremos nesse labirinto de conhecimentos temerários. Nunca devemos poupar-nos, devemos acrescentar *o rigor* aos nossos hábitos, para nos sentirmos bem e serenos no meio de tantas verdades duras. Quando penso na imagem de um leitor perfeito, ela é sempre um monstro de coragem e curiosidade, e além disso ainda algo flexível, astuto, prudente, um aventureiro e descobridor nato. Finalmente: àqueles a quem geralmente eu me dirijo, não diria melhor do que Zaratustra disse: *para quem* ele quer contar seu enigma?

Para vocês, ousados buscadores, exploradores, e quem mais resolver embarcar em navios com velas astutas e navegar em mares bravios.

Para vocês, ébrios de enigmas, que gostam da meia-luz, e cujas almas são atraídas a qualquer abismo de ilusões pelo som das flautas.

Vocês não querem buscar um fio condutor tateando-o com mãos covardes, e, onde puderem adivinhar, odeiam deduzir...

4

Quero dizer mais uma palavra sobre a minha *arte do estilo*. Transmitir uma condição, a tensão interna de um *pathos* por meio dos sinais, inclusive o ritmo desses sinais — é o sentido de todo estilo. E considerando que no meu caso a multiplicidade das condições internas é extraordinária, são muitas as possibilidades de uso de estilos diversos — a mais diversificada arte do estilo já disponível a alguém. Todo estilo que realmente transmite uma condição interior é bom, um estilo que não comete equívocos com os sinais, com o ritmo dos sinais, os gestos — todas as leis da frase são na verdade a arte dos gestos. Nesse caso meu instinto é infalível. O bom estilo é uma pura tolice, um mero "idealismo", ou seja, como o "belo em si", o "bom em si", a "coisa em si"... Sempre pressupondo que nunca faltem ouvidos capazes e dignos de um mesmo *pathos*, e com os quais podemos comunicar-nos. Meu *Zaratustra*, por exemplo, ainda procura por eles — ora, ele ainda vai procurar por muito tempo! Devemos ser dignos de ouvi-lo... E até lá não surgirá ninguém que entenda a *arte*, neste caso tão desperdiçada; nunca houve alguém que tivesse tantos novos meios artísticos inauditos para desperdiçar, efetivamente criados para isso. Ainda se deve provar que algo assim foi possível justamente na língua alemã; antes, eu mesmo o teria negado duramente. Antes de mim não se sabia o que podia ser feito com a língua alemã — o que se pode, na verdade, fazer com ela. A arte do *grande* ritmo, o *grande* estilo da frase para a expressão do incrível sobe e desce de uma paixão sublime, supra-humana, foi primeiro descoberta por mim; com um ditirambo como aquele transcrito do terceiro *Zaratustra*, os "sete selos", voei mil milhas para além do que se chamou até agora de poesia.

## 5

Um bom leitor talvez tenha uma primeira impressão de que há um *psicólogo* sem igual falando nos meus escritos — um leitor como eu o mereço, que me lê como os bons velhos filólogos liam o seu Horácio. As frases, sobre as quais basicamente todo mundo está de acordo, para não falar dos filósofos de todos os lugares, os moralistas e outros imbecis e cabeças ocas, aparecem nos meus textos como ingenuidades do equívoco; por exemplo, aquela crença de que "não-egoísta" e "egoísta" sejam opostos, enquanto o próprio ego é apenas uma "enorme fraude", um "ideal"... Não existem atos egoístas nem não-egoístas; os dois conceitos são um paradoxo psicológico. Ou então a frase "o ser humano luta pela felicidade" ou "a felicidade é o prêmio da virtude"... Ou a frase "prazer e desprazer são opostos"... A Circe da humanidade, a moral, falsificou profundamente toda psicologia — desmoralizou-a a ponto de afirmar aquela terrível bobagem de que o amor deve ser algo "não-egoísta"... Devemos permanecer firmemente centrados em nós mesmos, devemos firmar-nos com coragem sobre as duas pernas, caso contrário não conseguiremos nem mesmo amar. As mulherzinhas sabem disso muito bem; elas fazem o diabo com os homens altruístas, os meramente objetivos... Acrescentando, será que eu poderia atrever-me a supor que *conheço* as mulherzinhas? Isso faz parte dos meus dotes dionisíacos. Quem sabe? Talvez eu seja o primeiro psicólogo do eterno-feminino. Todas elas me amam — é uma velha história: com exceção das mulherzinhas infelizes, as "emancipadas", que não têm filhos. Por sorte não me deixei arrebentar, pois a mulher costuma arrebentar, quando ama... Eu conheço essas sôfregas de amor... Ah, que predadora perigosa, subterrânea, insidiosa! E mesmo assim tão agradável! Uma mulherzinha que corre atrás da vingança atropela o próprio destino. A mulher é indizivelmente mais irada do que o homem e também mais esperta; a bondade na mulher já é uma forma de degeneração... Todas as assim chamadas "belas almas" possuem um mal-estar fisiológico na sua base — não digo todas, senão eu estaria considerando-me um profissional da medicina. A luta por direitos iguais é até um sintoma de doença; qualquer médico sabe disso. A mulher, quanto mais mulher ela for, defende-se com pés e mãos contra os direitos em geral: a condição natural, a eterna guerra entre os sexos lhe dá, de longe, o primeiro lugar. Será que deram ouvidos à minha definição de amor? É a única digna de um filósofo. O amor — entre os seus meios está a guerra, na sua base está o ódio mortal entre os sexos. Será que ouviram minha resposta à pergunta de como *se cura*, como se "liberta" uma mulher? Faz-se um filho nela. A mulher precisa de filhos, o homem é sempre apenas um meio, assim falou Zaratustra. "Emancipação da mulher" — esse é o ódio instintivo da mulher mal sucedida, quer dizer, da infértil, contra a bem-sucedida — a luta contra o "homem" é sempre apenas um meio, um pretexto, uma tática. Colocando-se num nível superior, como "mulher em si", "mulher superior", "ideal" de mulher, elas querem *rebaixar* o nível geral da mulher; não há um remédio seguro para isso, a não ser a formação ginasiana, o uso de calças e os direitos políticos de rebanho. Basicamente as emancipadas são as *anarquistas* no mundo do "eterno-feminino", as fracassadas, cujo instinto mais baixo é a vingança... Toda uma geração do pior "idealismo" — que aliás também ocorre entre os homens, como por exemplo em Henrik Ibsen, esse típico velho virgem, cuja meta é o envenenamento da consciência limpa, da natureza no amor sexual... E para que eu não deixe dúvidas sobre a minha opinião, sob esse aspecto, tão honesta quanto rigorosa, quero citar uma frase do meu código moral contra o vício: uso a palavra vício para lutar contra todo tipo de antinatureza, ou, para os que amam belas palavras, todo tipo de idealismo. A frase diz o seguinte: "A pregação da castidade é um estímulo notório à antinatureza. Qualquer desprezo pela vida sexual, qualquer maculação dela pelo conceito de "impura" é um crime contra a vida — é o verdadeiro pecado contra o Espírito Santo da vida.

## 6

Para formular um conceito sobre a minha pessoa, como psicólogo, uso um curioso texto de psicologia que aparece no *Além do bem e do mal*; aliás, proíbo que se faça qualquer conjectura a respeito de quem se trata, quando escrevo que: "O gênio do coração, como daquele grande oculto, o deus da experimentação e caçador nato dos ratos da consciência, cuja voz desce ao submundo de toda alma, que não diz uma palavra, não lança um olhar, em que não exista respeito e uma nesga de sedução, para cuja maestria exige-se que saiba brilhar — e não pelo que ele é, mas pelo que é uma obrigação *a mais* para os que o seguem, uma obrigação de chegar cada vez mais perto e segui-lo cada vez mais íntima e sistematicamente... O gênio do coração, que cala todo barulho e presunção e aprende a escutar, que aplaina almas ásperas e lhes dá o sabor de um novo desejo — de repousar em silêncio para que, como num espelho, o céu profundo se reflita nele... O gênio do coração, que ensina a mão grosseira e rápida a vacilar e a pegar as coisas com mais graça; que adivinha a existência do tesouro oculto e esquecido, da gota de bondade e doce espiritualidade sob o espesso gelo turvo e se torna uma varinha de rabdomante para cada grão de ouro, enterrado há muito tempo no cárcere cheio de lama e areia... O gênio do coração, por cujo toque cada um segue adiante enriquecido, não abençoado e surpreendido, não como se fosse agraciado e imposto pelo bem alheio, porém enriquecido em si mesmo, abrindo-se mais renovado do que antes, refrescado e auscultado por uma brisa, mais inseguro talvez, mais carinhoso, frágil e despedaçado, porém cheio de esperanças ainda sem nome, cheio de novas vontades e energias, cheio de novas más vontades e energias negativas...

# O Nascimento da Tragédia

## 1

Para se fazer justiça ao *Nascimento da tragédia* (1872) algumas coisas devem ser esquecidas. Ele exerceu seu efeito e até mesmo o seu fascínio, com o que tinha de falho — a sua aplicação na wagneriana, como se ela fosse um sintoma de *elevação*. Justamente por isso, esse texto foi um acontecimento na vida de Wagner; a partir de então surgiram grandes esperanças ligadas ao nome de Wagner. Hoje ainda as pessoas me lembram disso, sob certas circunstâncias, até no meio da apresentação do *Parsifal*: como, afinal, estaria minha consciência com o fato de se ter chegado a uma opinião tão elevada sobre o *valor cultural* desse movimento. Encontrei o texto citado diversas vezes como "O renascimento da tragédia a partir do espírito da música": Só se dava ouvidos a uma nova fórmula da arte, ao propósito, à missão de Wagner — com isso passou despercebido o que havia de valioso na base do texto. "Mundo grego e pessimismo", este teria sido um título menos ambíguo, até mesmo como primeira lição de como os gregos lidavam com o pessimismo, como eles o superavam...

A própria tragédia é a prova de que os gregos *não* eram pessimistas; nesse caso Schopenhauer equivocou-se, como se equivocou em tudo. Considerando uma certa neutralidade, o *Nascimento da tragédia* parece bastante extemporâneo; não se poderia nem sonhar que ele *começaria* sob o troar da batalha de Wörth. Refleti sobre esses problemas diante dos muros de Metz, nas frias noites de setembro, em meio ao atendimento aos doentes; daria até para acreditar que o texto seria cinquenta anos mais velho. Ele é politicamente indiferente, "não-alemão", diríamos hoje, cheira escandalosamente a Hegel, e só em algumas fórmulas possui o perfume acre, cadavérico de Schopenhauer. É uma "ideia" — a oposição dionisíaco-apolíneo — traduzida ao metafísico; a própria história como desenvolvimento dessa "ideia", na tragédia, o oposto elevado à unidade. Sob essa ótica, coisas que nunca se haviam confrontado foram subitamente colocadas frente a frente, esclarecidas e entendidas separadamente... Por exemplo, a ópera e a revolução... As duas inovações decisivas do livro são, por um lado, a compreensão do fenômeno dionisíaco entre os gregos; ele apresenta a sua primeira psicologia, e vê nela a raiz única de toda arte grega. Por outro lado, há a compreensão do socratismo: Sócrates como instrumento da dissolução grega, pela primeira vez reconhecido como um típico decadente. "Razão" contra instinto. A "razão" a todo preço, como uma violência perigosa, que sepulta a vida! Há um profundo silêncio hostil sobre o cristianismo, no livro inteiro. Ele não é apolíneo nem dionisíaco; nega todos os valores estéticos — os únicos valores que o *Nascimento da tragédia* reconhece; ele é niilista no sentido mais profundo, enquanto se alcança o limite extremo da afirmação no simbolismo dionisíaco. Um dia ainda vão aludir aos sacerdotes cristãos como uma "espécie pérfida de anões", de seres "subterrâneos"...

2

Esse começo é muito estranho, para além de todas as medidas. Descobri, por meio de uma das minhas experiências mais íntimas, a única metáfora e o único texto marginal que a história possui — e assim fui justamente o primeiro a entender o maravilhoso fenômeno do dionisíaco. Da mesma forma, quando defini Sócrates como decadente, dei uma prova totalmente inequívoca de que a integridade da minha habilidade psicológica não se encontrava ameaçada por uma idiossincrasia moral qualquer. A própria moral como sintoma de decadência é uma inovação, uma particularidade de primeira categoria na história do conhecimento. Com ambos passei por cima da lastimável tagarelice vazia sobre o otimismo contra o pessimismo! Fui o primeiro a enxergar o contraste em si; o instinto *degenerado*, que se volta contra a vida com uma ânsia subterrânea de vingança (formas típicas são o cristianismo, a filosofia de Schopenhauer, em certo sentido já a filosofia de Platão, e todo o idealismo) e uma fórmula nascida da abundância, da superabundância, de uma afirmação superior, um dizer sim sem restrições ao próprio sentimento, à culpa, ao que é duvidoso e estranho na existência em si... Esse último sim, mais feliz, mais efusivamente alegre, não é apenas a mais elevada forma de ver a vida, é também a mais *profunda*, testada e mantida com mais firmeza pela verdade e pela ciência. Não há nada que se deva excluir, nada é dispensável — as faces da existência renegadas pelos cristãos e outros niilistas são até, numa ordem infinitamente mais elevada na hierarquia dos valores, aquilo que o instinto de decadência aprovou, que ele chamou de bom. É necessário *coragem* para se entender isso, e, como condição, um excedente de *força*; exatamente tão longe quanto a coragem pode ir adiante, também irá o tamanho da força com que nos aproximamos da verdade. O reconhecimento, o dizer "sim" à realidade é uma necessidade para o forte tanto quanto para o fraco, sob a inspiração da fraqueza, a covardia e a *fuga* diante da realidade — o "ideal"... Eles não conseguem reconhecer isso, os decadentes *precisam* da mentira, ela é uma das condições para a sua autopreservação. Aquele que não apenas entende a palavra "dionisíaco" mas entende também a *si mesmo* nessa palavra, não precisa da refutação de Platão, do cristianismo ou de Schopenhàuer — ele consegue *farejar* a decomposição...

## 3

O conceito de "trágico", o conhecimento definitivo sobre o que é a psicologia da tragédia, que eu encontrei em tudo isso, está no *Crepúsculo dos ídolos*. "A afirmação da vida em si, com seus problemas mais desconhecidos e difíceis; a vontade de viver alegrando-se com a própria inesgotabilidade, o sacrifício dos seus tipos superiores — tudo isso eu chamei de dionisíaco, e o entendi como uma ponte à psicologia do poeta *trágico*. Não para se livrar dos horrores e compaixões; não para se purificar de um afeto perigoso por meio de uma veemente descarga — como o entendeu (mal) Aristóteles; mas para, além dos horrores e das compaixões, *sermos* o eterno prazer do vir a ser, aquele prazer que também encerra em si o *prazer da aniquilação...*" Nesse sentido eu tenho o direito de me considerar o primeiro *filósofo trágico* — quer dizer, o extremo oposto e antípoda de um filósofo pessimista. Antes de mim não houve essa transposição do dionisíaco a um *pathos* filosófico; inexistia a *sabedoria trágica*; procurei em vão pelos sinais disso até mesmo junto aos *grandes* gregos da filosofia, aqueles que viveram dois séculos antes de Sócrates. Tive apenas uma dúvida, e foi em relação a *Heráclito*; perto dele eu me sinto mais confortável, mais animado do que em qualquer outro lugar. A afirmação do fenecimento e do *aniquilamento*, determinantes numa filosofia dionisíaca, o dizer "sim" à oposição e à guerra, o *vir a ser*, com uma rejeição radical até mesmo do conceito de "ser" — nisso tudo devo identificar o que tem mais a ver comigo, sob todas as circunstâncias, e dentre tudo o que foi pensado até agora. A doutrina do "eterno retorno", quer dizer, a repetição eterna e incondicional do ciclo de todas as coisas — é um ensinamento de Zaratustra que poderia já ter sido transmitido por Heráclito. Pelo menos o Stoa, que herdou quase todas as suas ideias básicas de Heráclito, possui vestígios disso.

4

Desse texto emana uma imensa esperança. Por fim, não tenho qualquer motivo para recuperar a esperança em um futuro dionisíaco na música. Vamos lançar um olhar para daqui a um século, e imaginar que o meu ataque resulte em dois milênios de antinatureza e violação humana. A nova vida que tomará em suas mãos a maior de todas as missões, a criação da humanidade superior, inclusive a aniquilação impiedosa de tudo que é degenerado e parasitário, possibilitará novamente aquele "*a mais de vida*" na Terra, do qual brotará a condição dionisíaca. Eu reafirmo a previsão de uma era *trágica*; a mais sublime arte de afirmação da vida, a tragédia, renascerá quando a humanidade deixar para trás a consciência das guerras mais duras, porém mais necessárias, *sem sofrer com isso*... Um psicólogo poderia acrescentar o que ouvi recentemente na música de Wagner, e que não tem nada a ver com Wagner: que, quando descrevi a música dionisíaca, descrevi o que *eu ouvi* — e que precisei transfigurar e traduzir instintivamente ao novo espírito que havia dentro de mim. A prova disso, *tão forte quanto só uma prova pode ser*, é meu texto *Wagner em Bayreuth*; em todos os trechos psicologicamente decisivos só se fala de mim — podemos colocar no texto, sem restrições, o meu nome, ou a palavra "Zaratustra", sempre que aparece a palavra "Wagner". Toda a imagem do artista *ditirâmbico* é a imagem do poeta preexistente do *Zaratustra*, desenhado com uma abismal profundidade e sem tocar, por um instante sequer, na realidade wagneriana. O próprio Wagner tinha uma noção disso; ele não se reconheceu no texto. Do mesmo modo o "pensamento de Bayreuth" transformou-se em algo que não será enigmático para os conhecedores do meu *Zaratustra*: naquele *grande meio-dia*, em que os eleitos se consagram à maior de todas as tarefas — quem sabe? A visão de uma festa que ainda vou vivenciar... O *pathos* das primeiras páginas é histórico-universal, a *visão* da qual se fala na sétima página é a verdadeira visão de Zaratustra; Wagner, Bayreuth, toda a mesquinharia alemã é uma nuvem em que se reflete uma infinita miragem do futuro. Até psicologicamente, todos os traços decisivos da minha própria natureza também estão em Wagner — as forças mais claras e mais funestas estão lado a lado, a vontade de poder, como nunca nenhum ser humano a possuiu, a coragem sem restrições ao que é espiritual, a ilimitada força para o aprendizado sem que a vontade de agir seja reprimida. Tudo nesse texto é previamente anunciado: a iminência do retorno do espírito grego, a necessidade dos antialexandrinos que reatam o nó górdio da cultura grega depois de ele ter sido solto... Ouçamos a conotação histórico-universal com a qual, na página 30, é introduzido o conceito de "mentalidade trágica": são várias as conotações histórico-universais que aparecem no texto. É a mais estranha "objetividade" que poderia existir; a certeza absoluta daquilo que eu *sou* projetou-se sobre uma realidade casual qualquer — a verdade sobre mim veio de uma terrível profundidade. Na página 71 o *estilo* de Zaratustra é descrito e antecipado com uma certeza incisiva; e nunca se encontrará uma expressão mais extraordinária para o *evento* Zaratustra, o ato de uma imensa purificação e consagração da humanidade, como nas páginas 43-46.

## As Extemporâneas

### 1

As quatro extemporâneas são bastante belicosas. Elas provam que eu não era um "sonhador", que senti prazer em desembainhar a espada, talvez também porque a articulação dos meus pulsos é perigosamente livre. O *primeiro* ataque (1873) foi para a cultura alemã, para a qual, já naquela época, eu olhava com um desdém impiedoso. Sem sentido, sem substância, sem meta; mera "opinião oficial". Não há pior equívoco do que achar que o grande êxito dos alemães nas armas ou mesmo sua vitória sobre a França possam provar algo em favor dessa cultura... A *segunda* extemporânea (1874) traz à luz o que é perigoso, o que vai roendo e envenenando a vida na nossa maneira de lidar com as empresas: a vida *adoece* com essas máquinas e mecanismos desumanos, com a "impessoalidade" dos trabalhadores, com a equivocada economia da "divisão do trabalho". O *objetivo* que é a cultura se perde; o meio, a moderna empresa, torna-se *bárbara*... Nesse ensaio pela primeira vez o "sentido histórico" do qual este século se orgulha é reconhecido como doença, como um sinal típico de decadência. Nas terceira e quarta extemporâneas, como indicadoras de um conceito mais elevado de "cultura", para a restauração do conceito de "cultura", são apresentadas duas imagens dos mais duros egocentrismos, autocontroles, tipos extemporâneos *par excellence*, cheios de um desprezo soberano contra tudo que à sua volta se chamava "império", "cultura", "cristianismo", "Bismarck", "sucesso", — Schopenhauer e Wagner, ou, em uma palavra, Nietzsche...

2

Desses quatro ataques, o primeiro teve um sucesso extraordinário. O alarido que provocou foi fantástico, em todos os sentidos. Toquei na ferida de uma nação vitoriosa — dizendo que sua vitória não fora um evento cultural, mas talvez algo bem diferente... A resposta veio de todos os lados, e não só dos velhos amigos de David Strauss, que ridicularizei como um típico filisteu e *satisfait* da cultura alemã, em resumo, autor de um evangelho de banco de cervejaria, sobre a "antiga e a nova crença" (a expressão "filisteu da cultura" integrou-se ao idioma a partir do meu texto). Esses antigos amigos, nos quais eu dei uma profunda alfinetada, por serem de Würtenberg e da Suábia, e também quando chamei de cômica a sua ave rara, o seu Strauss, responderam de forma tão pequeno-burguesa e rude quanto eu poderia desejar; meus enfrentamentos com os prussianos foram bem mais inteligentes — possuíam um refinamento mais berlinense, um azul da Prússia. O mais desavergonhado de todos foi um jornal de Leipzig, o mal-afamado *Grenzbogen.*; depois foi difícil para mim conter os indignados habitantes da Basileia. Apenas alguns velhos senhores apoiaram-me, por motivos diversos e em parte não revelados. Dentre eles Ewald de Göttingen, que deu a entender que meu ataque teria sido mortal para Strauss. Da mesma forma o velho hegeliano Bruno Bauer, que se tornou um dos meus leitores mais atentos. Nos seus últimos anos gostava muito de me recomendar, por exemplo, para o senhor von Treitschke, o historiador prussiano, a quem ele costumava indicar onde poderia buscar uma informação sobre o conceito de "cultura", que considerava perdido. A opinião mais reflexiva e longa sobre o texto e seu autor foi expressa por um velho aluno do filósofo von Baader, um tal professor Hoffmann, de Würzburg. Ao ler o texto e me considerar um tipo mais despojado e instintivo, ele previu para mim uma grande missão — provocar uma espécie de crise, e a tomada de uma grande decisão quanto ao problema do ateísmo. O ateísmo foi o que me levou a Schopenhauer. Mas o que de longe foi melhor captado e mais amargamente assimilado foi uma intercessão extraordinariamente forte e corajosa de Karl Hildebrand, normalmente tão brando, esse último alemão *humano*, que soube tão bem manejar sua pena. O seu artigo no jornal de Augsburgo foi bastante lido; hoje, de uma forma um pouco mais cautelosa, pode-se lê-lo em seus *Escritos completos*. Nele, o meu texto foi apresentado como um acontecimento, um ponto de mutação, uma primeira autorreflexão, e o melhor sinal de todos, um verdadeiro *retorno* da seriedade alemã e da paixão alemã pelas coisas do espírito. Hildebrand destacou muito a forma da escrita, seu gosto maduro, seu tato perfeito na diferenciação entre pessoa e coisa; ele o definiu como o melhor texto polêmico escrito em alemão, justamente naquela arte da polêmica tão perigosa, tão pouco recomendável para os alemães.

Afirmando incondicionalmente, até enfatizando o que eu ousara dizer sobre o empobrecimento linguístico na Alemanha (hoje eles se fingem de puristas e não conseguem mais construir frase alguma) e com o mesmo desdém pelos "primeiros escritores" dessa nação, ele finalizou expressando sua admiração pela minha coragem — aquela "coragem maior que leva justamente os preferidos do povo ao banco dos réus"... O efeito desse texto que ele escreveu é inestimável na minha vida. Até hoje ninguém tentou confrontar-se comigo. Todo mundo se cala, na Alemanha sou tratado com uma cautela sombria; há anos tenho usado uma incondicional liberdade de expressão, que hoje ninguém, pelo menos no "império", sente que é suficientemente livre para usar. Meu paraíso se situa "sob a sombra da minha espada...". Basicamente pratiquei uma máxima de Stendhal: ele aconselha que se faça a estreia na sociedade por meio de um duelo. E que rival eu escolheria! O primeiro livre-pensador alemão!... Na prática, uma espécie totalmente nova de livres-pensadores expressou-se pela primeira vez; até hoje nada me é mais estranho e incompatível do que todo tipo de *libres penseurs* europeus e americanos. Entre esses irrecuperáveis imbecis e palhaços das "ideias modernas" e eu há uma cisão até mais profunda do que entre eles e qualquer um dos seus opositores. Eles também querem, a seu modo, "melhorar" a humanidade segundo a sua imagem, travariam uma guerra irreconciliável contra o que sou, o que *quero*, supondo que me entendessem — todos eles ainda acreditam no "ideal"... Sou o primeiro *imoralista*...

3

Não quero afirmar que as extemporâneas identificadas com os nomes de Schopenhauer e Wagner poderiam servir ao entendimento ou ao questionamento psico-lógico dos dois casos, excetuando alguns detalhes. Assim, por exemplo, com a profunda certeza do instinto, o que existe de elementar na natureza de Wagner já se define como um talento de ator, um talento que tem como consequência seus métodos e objetivos peculiares. Basicamente eu quis, com esses textos, fazer algo bem diferente em termos de psicologia: uma educação sem igual, um novo conceito de *autodomínio*, de *autodefesa* o mais duro possível, um caminho à grandeza e às missões histórico-universais, todos clamando por sua primeira expressão. No geral eu aproveitei a ocasião para usar dois tipos famosos e ainda não consolidados, como se costuma aproveitar as ocasiões para divulgar algo, para lidar melhor com algumas fórmulas, sinais, meios de linguagem. Isso também foi citado com uma sagacidade perfeita na página 93 da terceira extemporânea..

Foi dessa maneira que Platão usou Sócrates, como uma semiótica para Platão. Agora que olho para trás de uma certa distância, para aquelas situações cujo testemunho são esses textos, não quero negar que basicamente eles só falam de mim. O texto *Wagner em Bayreuth* é uma visão do meu futuro; em contrapartida, no *Schopenhauer como educador* foi escrita minha história mais íntima, meu *vir a ser*. E sobretudo minha *promessa*!... O *que* sou hoje, *onde* estou hoje — numa altitude tal que nem falo mais com palavras, mas com raios — oh, como eu ainda estava longe disso na época! Mas eu via aquelas terras — não me enganei por um instante sequer sobre o caminho, o mar, o perigo — *e* o sucesso! A grande tranquilidade da promessa, esse feliz vislumbre de um futuro que não deve permanecer apenas como uma promessa! Aqui toda palavra é vivenciada de forma profunda, internalizada; não lhe falta a dor, há palavras que chegam a ser sangrentas. Mas os ventos da *grande* liberdade sopram por cima de tudo; a própria ferida *não tem o efeito* de um obstáculo. O modo como entendo o filósofo, como um terrível elemento explosivo diante do qual tudo corre perigo; como eu separo, com uma distância enorme, o meu conceito de "filósofo" de um conceito que até inclui um Kant, sem falar dos "ruminantes" acadêmicos e outros professores de filosofia: sobre tudo isso o texto nos proporciona um ensinamento inestimável, supondo-se basicamente que quem está falando não se chama "Schopenhauer como educador", mas o seu *oposto*, "Nietzsche como educador". Considerando-se que na época minhas ferramentas eram as de um erudito, e que talvez também naquela época eu *entendesse* minhas ferramentas, surge de repente no texto um trecho áspero até bem significativo, da psicologia do erudito: ele expressa a *sensação de distanciamento*, a profunda certeza do que, no meu caso, pode ser uma *missão*, ou apenas meio, entreato ou obra secundária. Foi minha inteligência que me levou a ser muitas coisas em muitos lugares, para poder ser um só, para poder chegar a uma coisa só. Por algum tempo eu também *tive* de ser um erudito.

## Humano, demasiado humano
## Com duas continuações

*Humano, demasiado humano* é o memorial de uma crise. Ele se denomina um livro para *espíritos livres*; quase toda frase nele expressa uma vitória — com ele eu me libertei do que era estranho à minha natureza. Estranho para mim é o idealismo; o título diz "onde *vocês* veem coisas ideais, eu vejo coisas humanas, apenas demasiado humanas!", Eu conheço o ser humano *melhor*... A palavra "espírito livre" não pretende ser entendida aqui em nenhum outro sentido, mas só como um espírito que se *libertou*, que voltou a tomar posse de si mesmo. O tom, a afinação, mudou completamente; o livro será considerado inteligente, frio, e sob certas circunstâncias até duro e irônico. Uma certa espiritualidade de gosto *nobre* parece manter-se num patamar elevado, contra um fluxo mais passional na base inferior. Nesse contexto faz sentido que na verdade se justifique a publicação do livro já no ano de 1878, por tratar-se da celebração dos cem anos da morte de *Voltaire*. Em comparação com tudo o que foi escrito depois dele, Voltaire é sobretudo um *grand seigneur* do espírito, exatamente o que eu também sou. O nome de Voltaire num texto meu foi realmente um progresso — em direção a *mim*... Se observarmos melhor, descobriremos um espírito impiedoso, que conhece todos os esconderijos em que o ideal se abriga — o lugar onde ele possui sua fortaleza e sua segurança definitiva. Com um facho nas mãos mas sem nenhuma luz "tremeluzente", que com uma claridade cortante ilumina o caminho a esse *submundo* do ideal. É a guerra, mas a guerra sem pólvora e fumaça, sem atitudes belicosas, sem *pathos* e membros torcidos — tudo isso ainda seria "idealismo". Um equívoco após o outro é colocado no gelo, o ideal não é contestado, ele *congela*... Aqui, por exemplo, o que congela é o "gênio"; na próxima esquina o que congela é o "sagrado"; sob um espesso bloco de gelo é o "herói" que congela; no final, o que congela é a "fé", a assim chamada "convicção", e a "compaixão" também esfriam consideravelmente, e em quase todos os lugares "a coisa em si" também congela...

2

Comecei a escrever esse livro durante o primeiro festival de Bayreuth; um dos seus pressupostos foi um profundo sentimento de estranheza em relação a tudo que me cercava ali. Quem tinha uma noção das visões que já naquela época me atravessavam o caminho poderá imaginar qual era o meu ânimo, quando um dia despertei em Bayreuth. Era como se eu tivesse sonhado... Onde eu estava? Não reconheci nada, quase nem reconheci Wagner. Eu vasculhava as minhas lembranças, em vão. Tribschen — uma ilha distante de bem-aventurados; nem sombra de uma semelhança. Os incomparáveis dias da colocação da pedra fundamental, a comemoração da pequena comunidade local, à qual nem se precisava desejar que tivesse condições de lidar com as coisas delicadas: nem sombra de uma semelhança. *O que acontecera*? Traduziram Wagner para o alemão! O wagneriano se tornara dono de Wagner! A arte alemã! O mestre alemão! A cerveja alemã!... Nós os outros, que sabemos muito bem quem são os artistas refinados, qual é o gosto cosmopolita aos quais fala a arte de Wagner, ficamos furiosos ao reencontrarmos Wagner coberto de "virtudes" alemãs. Eu acho que conheço os wagnerianos, "vivenciei" três gerações, começando pelo saudoso Brendel, que confundia Wagner com Hegel, até os "idealistas" dos *Bayreuther Blätter,* que confundem Wagner consigo mesmos — ouvi todo tipo de depoimento das "belas almas" sobre Wagner. Um reino por uma palavra inteligente! Na verdade, uma sociedade de se arrancar os cabelos! Nohl, Pohl, Kohl, com graça, *ad infinitum*! Não faltou nenhum monstrengo, nem mesmo o antissemita. Pobre Wagner! Onde ele foi parar! Se pelo menos ele tivesse ido para o meio dos porcos! Mas para o meio dos alemães!... No final, seria interessante empalhar um autêntico bayreuthiano para instruir a posteridade, ou, melhor ainda, conservá-lo em álcool de espiriteira, pois falta-lhe um bocado de espírito, e acrescentar a legenda: era assim a aparência do "espírito" sobre o qual se fundou o "império"... para mim foi o bastante; fui embora no meio do festival, de repente, ausentando-me por algumas semanas, apesar de uma charmosa parisiense ter tentado consolar-me; desculpei-me junto a Wagner apenas com um telegrama fatalista. Num local escondido no fundo da floresta Böhmerwald, chamado Klingenbrunn, carreguei minha melancolia e meu desprezo pelos alemães para todos os lados, como uma doença — e, sob o título geral de *Der Pflugschar* (A Selha), eu escrevia de tempos em tempos algumas frases no meu caderno de anotações, impregnadas de rigorosa psicologia, e que talvez ainda possam ser encontradas no *Humano, demasiado humano*.

3

O que naquela época me levou a tomar uma decisão não foi um rompimento com Wagner — na verdade senti um desequilíbrio geral do meu instinto, e aquele único passo em falso que se chama Wagner, ou a docência na Basileia, foram apenas os sinais disso. Fui dominado por uma forte impaciência comigo mesmo; percebi que já era tempo de me voltar para o meu interior. De repente tornou-se claro para mim, de uma forma terrível, quanto tempo eu havia desperdiçado — como a minha inútil e aleatória existência de filólogo atrapalhara minha missão. Tive vergonha da minha *falsa* modéstia... Deixei dez anos para trás, em que na verdade a *alimentação* do espírito em mim ficou paralisada, em que não acrescentei nada de útil ao meu aprendizado, em que esqueci muita coisa sobre um monte de bobagens eruditas empoeiradas. Arrastar-me por antigas métricas com minuciosidade e má visão — foi até onde cheguei! Com muita autopiedade, eu me vi totalmente emagrecido e faminto: as realidades estavam ausentes dos meus conhecimentos e as "idealidades" serviam ao demônio! Uma sede terrível me dominou; a partir disso não fiz praticamente mais nada além de fisiologia, medicina e ciências naturais; até mesmo aos estudos históricos eu só retornei quando a missão me obrigou imperiosamente a isso. Na época fiquei sabendo, pela primeira vez, qual era a relação entre uma atividade escolhida contrariamente ao instinto, uma assim chamada "profissão", para a qual geralmente não se tem vocação, e aquela necessidade de um *entorpecimento* da sensação de vazio e de fome por meio de uma arte narcótica —, por exemplo, pela arte wagneriana. Com um cauteloso olhar à minha volta descobri que um grande número de homens jovens tem a mesma necessidade; uma antinatureza *obriga-os* formalmente a ter uma segunda natureza. Na Alemanha, no "império", falando sem ambiguidades, digo que muitos foram condenados a se decidirem intempestivamente e depois se arrastarem pela vida, sob uma carga inevitável que se tornou pesada demais... Eles anseiam por Wagner como anseiam por uma *droga* — ao se esquecerem de si mesmos, livram-se de si mesmos por um instante... O que estou dizendo! Isso vale apenas por cinco ou seis horas!

## 4

Na época o meu instinto decidiu-se inexoravelmente a não continuar renunciando, a não ir mais atrás dos outros e a não me confundir mais. Qualquer tipo de vida, as condições mais desfavoráveis, a doença, a pobreza — tudo me pareceu preferível àquele indigno "desinteresse" em que eu me envolvera, primeiro por ignorância, por ser jovem demais, e depois por preguiça, pelo assim chamado "senso do dever". Então, de um jeito que nunca poderei admirar o suficiente, e justamente no momento certo, recebi a ajuda daquela grave herança do meu pai — basicamente a predestinação a uma morte precoce. A doença foi soltando-me lentamente; ela me poupou de uma ruptura, de um passo mais violento e chocante. Não perdi nenhuma simpatia, até ganhei algumas. A doença também me deu o direito de realizar uma reversão em todos os meus hábitos; ela me permitiu, ela me ordenou que eu esquecesse tudo; ela me presenteou com a necessidade de permanecer deitado, quieto, ocioso, aguardar e ser paciente... Mas tudo isso significou apenas que eu devia pensar!.... Meus olhos pararam de devorar todos aqueles livros em alemão, de filologia; eu me libertei do "livro", fiquei muitos anos sem ler nada — foi o *maior* benefício que já proporcionei a mim mesmo! Aquele "eu" tão inferior, e ao mesmo tempo tão abalado, que se tornara silencioso por causa de uma constante *obrigação* de ouvir os outros "eus" (— e isso significa ler!) despertou lentamente, tímido, hesitante — mas fnalmente começou a *falar de novo*. Nunca senti tanta felicidade comigo mesmo quanto nos momentos mais dolorosos e doentios da minha vida; basta vermos a *Aurora*, ou talvez o *Caminhante e sua sombra* para entender o que foi esse retorno a *mim* mesmo: uma forma superior de *restabelecimento*!... A outra apenas se seguiu a ela.

5

*Humano, demasiado humano*, esse momento de um rigoroso autodomínio, com o qual dei um repentino fim em toda a minha bagagem de "grandes trapaças", "idealismos", "belos sentimentos" e outras coisas efeminadas, foi escrito, em todas as suas partes mais importantes, na cidade de Sorrento. Sua conclusão, sua forma definitiva, foi elaborada num inverno na Basileia, em condições bem mais desfavoráveis do que em Sorrento. Basicamente o senhor Peter Gast, na época dedicando-se aos estudos na Universidade da Basileia e muito afeiçoado a mim, foi o responsável pelo livro. Eu ditava, com a cabeça enfaixada e dolorida, ele escrevia e também corrigia — no fundo o verdadeiro escritor era ele, enquanto eu era apenas o autor. Quando finalmente o livro ficou pronto e chegou às minhas mãos — para a profunda admiração de um enfermo em estado grave — enviei, entre outros, dois exemplares para Bayreuth. Por um milagre do acaso recebi, ao mesmo tempo, um belo exemplar do texto do *Parsifal*, com uma dedicatória de Wagner para mim, que dizia "Ao meu caro amigo Friedrich Nietzsche, de Richard Wagner, Conselheiro Eclesiástico". Para mim esse cruzamento dos dois livros foi um mau augúrio. Não parece o cruzamento de duas *espadas*?... De qualquer modo, nós dois o interpretamos assim, pois ambos silenciamos. Foi nessa época que apareceram os primeiros exemplares dos *Bayreuther Blätter*: eu entendi, *para o que* já estava mais do que na hora. Incrível! Wagner tornara-se devoto...

## 6

O livro inteiro, sobretudo num trecho bastante expressivo, é um testemunho do que eu pensava a meu respeito, da imensa certeza com que eu me agarrava à minha missão e ao que ela tinha de histórico-universal. É que, com minha astúcia instintiva, nesse caso também evitei usar a palavrinha "eu", e não foi Schopenhauer nem Wagner que cobri de glórias histórico-universais, mas um dos meus amigos, o extraordinário Dr. Paul Rée — por sorte um animal muito refinado... *Outros* foram menos refinados; dentre os meus leitores sempre consegui identificar os desesperados, por exemplo, o típico professor alemão, pelo fato de eles acharem que, por causa desse trecho, eram obrigados a interpretar o livro inteiro como um *réalisme* superior... Na verdade, o livro continha o protesto contra cinco ou seis frases do meu amigo; sobre isso, leiam o prefácio da

*Genealogia da moral*. O trecho diz o seguinte: "Qual é a frase mais importante à qual chegou um dos mais ousados e frios pensadores, o autor do livro 'sobre a origem das concepções morais' (*lisez*: Nietzsche, o primeiro *imoralista*), graças às suas mais radicais e incisivas análises das ações humanas? O ser humano moral não está mais próximo do mundo inteligível do que o ser humano físico — pois não existe nenhum mundo inteligível...".

Essa frase, que se tornou dura e incisiva pelo julgamento histórico (*lisez*: transvaloração de todos os valores) talvez possa um dia, em um futuro qualquer — 1890! — servir como um machado para cortar a raiz da "necessidade metafísica" da humanidade, para a benção ou a maldição da humanidade — quem poderia dizer? De qualquer modo, é uma frase de consequências consideráveis, frutífera e terrível ao mesmo tempo, e com aquela dupla visão de mundo que todos os grandes conhecimentos possuem...

# Aurora
## Pensamentos sobre a moral como preconceito

### 1

Com esse livro começa a minha campanha contra a moral. Na verdade ele não tem o mínimo cheiro de pólvora; pode-se sentir cheiros bem diferentes e muito mais agradáveis nele, pressupondo-se que se tenha narinas um tanto sutis. Não é artilharia pesada nem leve; se o efeito do livro for negativo, não será por causa dos seus meios, menos ainda daqueles meios cujo efeito resultante é uma conclusão, não um tiro de canhão. Nós nos despedimos do livro com uma cuidadosa cautela diante de tudo que até agora foi respeitado e até venerado com o nome de moral, mas isso não está em contradição com o fato de não haver no livro inteiro uma única palavra negativa, uma agressão ou uma maldade. Na verdade ele está deitado ao sol, enrodilhado, feliz, como um animal marinho que se aquece entre os rochedos. No final eu mesmo era esse animal: quase toda frase do livro foi pensada, surgiu daquele amontoado de rochedos perto de Gênova onde eu estava sozinho e trocava confidências com o mar. Até hoje, em contatos casuais com o livro, cada frase que leio torna-se a extremidade de alguma coisa que, ao ser puxada, extrai algo incomparável das profundezas; toda a minha pele treme com o arrepio delicado da lembrança. A arte que ele contém, em profusão, não é pouca; coisas que passam deslizando levemente e sem fazer ruído, momentos que eu chamo de lagartixas divinas, para fixá-los um pouco, não com a crueldade daquele jovem deus grego que simplesmente espetava a pobre lagartixa, porém sim, com algumas pequenas espetadelas, usando a ponta da minha pena... "Existem tantas auroras que ainda não despontaram", essa inscrição *indiana* está na abertura desse livro. Onde seu autor poderá *procurar* aquela nova manhã, aquele vermelho suave que até agora ainda não se revelou, e com o qual sempre desponta um novo dia — ah, toda uma série, todo um mundo de novos dias? Numa transvaloração de todos os valores, numa libertação de todos os valores morais, num "dizer sim" a tudo, com uma confiança em tudo que até agora foi proibido, desdenhado, amaldiçoado. Esse livro *afirmativo* irradia sua luz, seu amor, sua delicadeza sobre várias coisas ruins, ele devolve a "alma" a elas, a consciência, o direito e a *prerrogativa* à existência. A moral não é agredida, ela simplesmente não é mais considerada... O livro se encerra com um "ou?", ele é o único livro que se encerra com um "ou?"....

## 2

Minha missão de preparar um momento da mais elevada autorreflexão da humanidade, um grande meio-dia, em que ela olha para trás e para fora, em que ela se afasta do domínio do acaso e dos sacerdotes, e pela primeira vez faz a si mesma a pergunta por quê? Para quê? Pela primeira vez como *um todo*. Essa missão resulta necessariamente da visão de que a humanidade *não* está no caminho correto por si mesma, de que *não* é governada por uma instância divina, de que sob os seus mais sagrados conceitos de valor ela foi seduzida e governada pelo instinto da negação, da destruição, da decadência. Por isso a pergunta pela origem dos valores morais é para mim uma pergunta de *primeira ordem*, porque ela condiciona o futuro da humanidade. A condição de que devemos *acreditar* que tudo, basicamente, está nas melhores mãos; de que um livro, a Bíblia, pode dar-nos uma tranquilidade definitiva sobre a sabedoria divina na condução do destino da humanidade, é transportada de volta à realidade. É a vontade de não permitir que se revele a verdade sobre o lamentável oposto disso tudo, ou seja, de que a humanidade até agora esteve nas *piores* mãos, que ela foi governada pelos fracassados, pelos astutos sedentos de vingança, os assim chamados "santos", esses difamadores do mundo, violadores da honra humana. O sinal decisivo de que os sacerdotes (inclusive os sacerdotes *ocultos*, os filósofos) tornaram-se os dominadores não só no interior de uma determinada comunidade religiosa, mas no geral, e que a moral da *décadence*, a vontade de um fim, é considerada uma moral *em si*, tornou-se um valor absoluto inclusive da pessoa não-egoísta, e da hostilidade contra a egoísta. Considero *infectado* aquele que estiver em desacordo comigo... Mas todo mundo está em desacordo comigo... Para um fisiologista, uma oposição de valores como essa não deixa dúvidas. Quando, num organismo, o menor dos órgãos deixa de funcionar um pouquinho que seja, deixa de garantir a autossobrevivência, a reposição de forças, a imposição do seu "egoísmo" com total segurança, o todo se degenera. O fisiologista exige o *corte* daquela parte degenerada, nega qualquer solidariedade ao degenerado, está distante de qualquer compaixão por ele. Mas o sacerdote *quer* a degeneração do todo, da humanidade; por isso ele *conserva* o degenerado — e a esse preço ele o domina... Qual o sentido daqueles conceitos mentirosos, os conceitos compassivos da moral, como "alma", "espírito", "vontade livre", "Deus", senão o de arruinar fisiologicamente a humanidade?... Quando renegamos a seriedade da autossobrevivência, do aumento de forças do corpo, quer dizer, *da vida*, quando se constrói um ideal a partir da anemia, a "salvação da alma" a partir do desprezo pelo corpo, o que é isso a não ser uma receita para a decadência? A perda de peso, a resistência contra os instintos naturais, em uma palavra, o "altruísmo" — foi o que se chamou até agora de *moral*... Com a *Aurora* assumi pela primeira vez a luta contra a moral de anulação do "si mesmo".

## A Gaia Ciência
## ("la gaya scienza")

A *Aurora* é um livro afirmativo, profundo, claro e benévolo. O mesmo vale, num grau superior, para a *Gaia ciência*: em quase todas as suas frases a profundidade e a malícia andam carinhosamente de mãos dadas. Um verso que expressa a gratidão pelo mais maravilhoso mês de janeiro que vivi — o livro inteiro foi um presente que resultou dele — mostra profusamente a profundidade a partir da qual a "ciência" tornou-se *gaia:*

Você, que com sua lança em chamas
Fragmenta o gelo da minha alma
Para que ela corra, bramindo,
Em direção ao mar da sua maior esperança
Cada vez mais clara e saudável
Livre no dever mais afetuoso
Ela louva seus milagres
Ó belo Januarius!

Quem poderá ter dúvidas ao ver brilhar, no que aqui cito como a "maior esperança", a beleza diamantina das primeiras palavras de Zaratustra, na conclusão do quarto livro? Ou quem leu as frases graníticas no final do terceiro livro, com as quais pela primeira vez sintetiza-se em fórmulas um destino *para todos os tempos*? As canções do príncipe Pássaro Livre, em grande parte compostas na Sicília, lembram expressamente o conceito provençal da *gaya scienza*, aquela mistura de *cantor, cavaleiro* e *espírito livre* pela qual se destaca a maravilhosa cultura antiga dos provençais, contra todas as culturas ambíguas; o último poema, por exemplo, "Para o Mistral", uma canção leve e solta feita para dançar, em que, com sua licença, dançava-se passando por cima da moral, é de um provençalismo perfeito.

## E assim falou Zaratustra
## Um livro para todos e para ninguém

### 1

Agora eu vou contar a história de *Zaratustra*. A concepção básica da obra, a *ideia do eterno retorno*, essa forma mais elevada de afirmação a ser alcançada, é de agosto de 1881; ela foi inserida num folheto, com a subscrição: "6.000 pés além do ser humano e do tempo". Naquele dia fui caminhar pelos bosques junto ao lago de Silvaplana, e resolvi descansar perto de uma enorme construção, uma torre piramidal, não muito distante de Surlei. Então veio-me à mente esse pensamento. Voltando atrás alguns meses vejo que a partir daquele dia, como um prenúncio, ocorreu uma mudança súbita e profundamente decisiva no meu gosto, sobretudo na música. Podemos talvez considerar todo o *Zaratustra* como parte da música; certamente *ouviu-se* um renascimento na arte, ou um pré-requisito para isso. Num pequeno balneário na montanha, não muito distante de Vicenza, Recoaro, onde passei a primavera do ano de 1881, com meu maestro e amigo Peter Gast, igualmente "renascido", descobri que a música "fênix", com uma plumagem muito mais leve e brilhante do que aquela exibida anteriormente, passou voando por nós. Se eu contar o tempo a partir daquele dia, passando pelo parto súbito e sob as circunstâncias mais incríveis, em fevereiro de 1883, até a parte final, a mesma que citei em algumas frases do prefácio, e concluída exatamente na hora sagrada em que Richard Wagner morreu em Veneza, somam-se dezoito meses de gravidez. Pelo menos entre os budistas, esse número exato de dezoito meses deve estar próximo da ideia de que sou basicamente uma fêmea de elefante. No meio--tempo aparece a *gaya scienza,* que mostra indícios da proximidade de algo incomparável; finalmente ela ainda me fornece o próprio início do *Zaratustra*, a ideia básica do *Zaratustra*, no penúltimo trecho do quarto livro. Da mesma forma nesse meio-tempo surge aquele *Hino à vida* (para coral e orquestra) cuja partitura foi publicada há dois anos por E.W. Fritzsch, em Leipzig; um sintoma talvez bem significativo das condições daquele ano, em que o *pathos afirmativo par excellence*, chamado por mim de *pathos* trágico, instalou-se dentro de mim no mais elevado grau. Mais tarde o hino será cantado em minha memória. Como há um mal-entendido circulando sobre isso, devo observar expressamente que o texto não é meu, ele é a espantosa inspiração de uma jovem russa, minha amiga na época, a senhorita Lou Salomé. Aquele que conseguir enxergar um sentido nas últimas palavras do poema vai notar por que eu o destaquei e admirei tanto: elas têm grandeza. A dor não é uma objeção contra a vida. "Vá lá que você não tenha nenhuma sobra de felicidade para me dar! *Ainda assim, tem a sua dor...*" Talvez nesse trecho a minha música também tenha grandeza (a última nota do oboé é cis., não c. — é um erro de impressão). Passei o inverno seguinte na graciosa e tranquila baía de Rapallo, perto de Gênova, inserida entre Chiavari e o promontório de Portofino. Minha saúde não era das melhores; o inverno estava frio e chuvoso, além de todas as medidas; um pequeno albergue, bem em frente à praia, junto ao mar, tornava impossível para mim dormir à noite, e oferecia o contrário de tudo que se poderia desejar. Apesar disso, e quase como prova dessa minha afirmação, de que tudo que é decisivo sempre acontece "apesar" de alguma coisa, tudo existiu de fato, e foi nesse inverno e nessas condições desfavoráveis que surgiu meu *Zaratustra*. Nas manhãs eu ia em direção ao sul, subindo pela maravilhosa estrada que se dirigia a Zoagli, passando por belos pinheiros e vislumbrando o vasto panorama do mar. Nas tardes, quando a saúde me permitia, eu dava a volta em toda a baía de Santa Margherita até a sua parte de trás, a cidade de Portofino. Esse lugar e essa paisagem aproximaram-se mais ainda do meu coração por causa do grande amor que o inesquecível imperador alemão Frederico III sentia por ele. Por acaso voltei a essa costa no outono de 1886, quando ele visitou pela última vez esse pequeno e esquecido mundo de felicidade. Nesses dois caminhos é que tive a inspiração de todo o primeiro *Zaratustra*, sobretudo o próprio Zaratustra como tipo humano, ou melhor, foi ele que *me pegou de surpresa...*

## 2

Para entender esse tipo humano precisamos primeiro esclarecer seu pressuposto fisiológico; ele é aquilo que eu chamo de *grande saúde*. Não sei como explicar melhor esse conceito, ou de forma *mais pessoal* do que já o fiz num dos parágrafos finais do quinto livro da *gaya scienza*. "Nós, novos, inominados, malcompreendidos — está escrito ali — nós, prematuros de um futuro ainda não demonstrado, precisamos de novos meios para atingir novos objetivos, ou seja, uma nova saúde, mais forte, mais refinada, mais resistente, mais ousada e alegre do que todas as saúdes existentes até agora. As almas que ansiavam vivenciar todo o conjunto de valores e desejos vigentes até então, e navegar ao longo de todas as costas desse "mar mediterrâneo" idealizado, e a partir das aventuras das próprias experiências quiserem saber como se sente um conquistador e descobridor do ideal, como um artista, um santo, um legislador, um sábio, um erudito, um devoto, um "apartado" de Deus à moda antiga, precisarão em primeiro lugar da *grande saúde*. Não apenas uma saúde que já temos, mas que devemos e precisamos adquirir constantemente, porque devemos e precisamos sempre dar-lhe valor... E então, depois de viajarmos por muito tempo dessa maneira, nós, argonautas do ideal, estaremos talvez mais animados do que espertos, e muitas vezes nos tornaremos náufragos e feridos, porém, como dissemos, mais saudáveis do que nos seria permitido, perigosamente saudáveis, sempre saudáveis. Parece-nos que, como recompensa, surge à nossa frente uma terra ainda não descoberta, cujas fronteiras ainda não foram vistas por ninguém, situada além de todas as terras e recantos do ideal. É um mundo tão rico em tudo que é belo, estranho, questionável, terrível e divino, que nossa curiosidade assim como nossa ânsia de posse ultrapassam os limites — e não conseguiremos nunca mais nos saciar com coisa alguma!... Depois dessas perspectivas e com tal ânsia de conhecimento e consciência, como poderíamos achar que o *ser humano contemporâneo* nos é suficiente? Isso é grave, mas é inevitável ficarmos olhando para suas metas e esperanças mais virtuosas com uma seriedade mantida a muito contragosto, e talvez depois nem olharmos mais para elas... Há um outro ideal à nossa frente, um ideal maravilhoso, tentador, cheio de riscos, mas não queremos convencer ninguém a gostar dele, porque não concedemos a ninguém, tão facilmente, *o direito a ele*. É o ideal de um espírito que brinca com tudo que até agora foi chamado de sagrado, bom, intocável, divino, de forma ingênua e involuntária, e devido a uma plenitude e um vigor transbordantes. Para esse ideal de espírito, os valores mais elevados que servem de medida para o povo significariam apenas perigo, declínio, rebaixamento, ou no mínimo restabelecimento, cegueira, ou autoesquecimento temporário. Seria o ideal de um bem-estar e uma boa vontade humanos e supra-humanos, que muitas vezes poderão parecer *desumanos*, por exemplo, quando são colocados lado a lado com toda a seriedade existente até hoje na terra, lado a lado com toda a solenidade do gesto, da palavra, do som, da visão, da moral e da missão como sua paródia involuntária preferida — e com isso, e apesar de tudo isso, talvez se revele a *grande seriedade*, talvez se faça a verdadeira interrogação, talvez o destino da alma mude, o ponteiro recue, a tragédia *comece*..

## 3

Será que alguém, no final do século XIX, tem uma noção clara do que os poetas de antigas eras chamavam de inspiração? Caso contrário, vou descrevê-lo. Com um restinho de superstição dentro de nós, na prática quase não conseguiríamos negar a ideia de que somos apenas encarnação, voz, e meio de forças muito poderosas. O conceito de revelação, no sentido de que subitamente, com indizível certeza e sutileza, algo se torna visível, audível, algo que nos abala profundamente e nos derruba, descreve simplesmente o conjunto dos fatos. Não ouvimos, não procuramos, não pegamos, não perguntamos quem está dando-nos isso. Como um raio surge um pensamento, com urgência, sem hesitação — eu nunca tive escolha. É um encantamento, cuja enorme pressão se dissolve numa torrente de lágrimas, na qual involuntariamente o passo ora se acelera, ora se torna mais lento. É estar totalmente fora de si, com a mais nítida consciência de um sem-número de sutis arrepios e calafrios que descem até as pontas dos dedos dos pés. É uma felicidade profunda, na qual o mais doloroso e mais tenebroso não atuam em oposição, mas como uma condição, um desafio, um colorido necessário no meio dessa extravasão de luz; um instinto de contextos rítmicos que se expande em amplos espaços de formas. A duração, a necessidade de um ritmo muito expandido é quase a medida para a força da inspiração, uma espécie de compensação pela sua pressão e sua tensão... Tudo acontece de forma extremamente involuntária, como numa torrente de sensações de liberdade, de incondicionalidade, de potencia e divindade... O mais estranho é o caráter involuntário da imagem, da metáfora; não se tem mais noção do que é imagem e do que é metáfora. Tudo se apresenta como a expressão mais próxima, mais correta, mais simples. Lembrando uma palavra de Zaratustra, realmente nos parece que as coisas chegaram por si mesmas e se prestaram a ser metáforas ("aqui todas as coisas chegam afetuosas para o seu discurso e o adulam, pois querem montar nas suas costas. Toda metáfora o leva à verdade. Brotam palavras dos seres e dos cofres cheios de palavras, tudo que é quer tornar-se palavra, tudo que *será* quer aprender a falar com você"). Essa é a *minha* experiência de inspiração; eu não duvido que tenhamos de recuar milênios para encontrar alguém que possa dizer-me: "Também é a minha".

4

Logo depois fiquei de cama, doente, por algumas semanas, em Gênova. Seguiu-se uma primavera melancólica em Roma, quando retomei a vida — não foi fácil. Aborrecia-me esse lugar, que para o poeta de Zaratustra era o mais torpe da terra, e que eu não escolhera voluntariamente. Tentei livrar-me; quis ir para Áquila, o conceito oposto de Roma, fundada para ser rival de Roma, como o lugar que fundarei um dia, em memória de um ateu e inimigo da Igreja *comme il faut*, um dos meus parentes mais próximos, o grande imperador Hohenstaufen, Frederico II. Mas no meio disso tudo aconteceu uma fatalidade: eu tive de voltar. No final, eu me dei satisfeito com a *piazza* Barberini, depois que meu esforço em procurar um local anticristão deixou-me muito cansado. Acho que até uma vez, para me livrar dos maus odores, cheguei a perguntar no próprio palácio Quirinal se não teriam um quarto tranquilo para um filósofo. Sobre a citada praça, numa *loggia* da qual se vislumbrava a cidade de Roma e se ouvia lá embaixo o borbulhar da *fontana*, é que foram criados os versos daquela canção, a mais solitária de todas, a *Canção noturna*. Nessa época, uma melodia incrivelmente melancólica soava aos meus ouvidos o tempo todo, e cujo refrão encontrei nas palavras "morto de imortalidade...". No verão, de volta ao local sagrado em que o primeiro relâmpago da ideia de *Zaratustra* me iluminou, encontrei o segundo *Zaratustra*. Dez dias foram suficientes; em nenhum caso, nem no primeiro, nem no terceiro e último, precisei de mais tempo do que isso. No inverno seguinte, sob o alciônico céu de Nice, que na época brilhou na minha vida pela primeira vez, encontrei o terceiro *Zaratustra* — e concluí a obra. Quase um ano, somando tudo. Muitos sítios e colinas ocultos na paisagem de Nice tornaram-se sagrados para mim, por meio de momentos inesquecíveis; aquela parte decisiva dos versos com o título de "antigos e novos painéis" foi criada durante a árdua subida da estação até o maravilhoso ninho mourisco nos penhascos, chamado Eza; em mim, a agilidade muscular sempre atingia o auge quando a força criadora brotava com mais abundância. O *corpo* está entusiasmado, vamos deixar a "alma" fora do jogo... Muitas vezes as pessoas puderam ver-me dançar; na época eu conseguia caminhar pelas montanhas por sete, oito horas sem sentir nenhum cansaço. Conseguia dormir bem, rir bastante, tinha uma paciência e um vigor totais.

5

Apesar dessas obras de dez dias, os anos durante e sobretudo *depois* do *Zaratustra* foram de uma angústia sem igual. Pagamos caro por sermos imortais, temos de morrer muitas vezes em vida. Existe algo que eu chamo de ressentimento da grandeza: tudo que é grande, uma obra, uma ação, uma vez realizada volta-se imediatamente contra aquele que a realizou. Justamente por tê-la realizado, seu autor está *fraco*, não suporta mais sua obra, não a olha mais de frente. Ter algo *atrás de si* — aliás, nunca se deveria querer isso —, algo com um nó atado ao destino da humanidade, e, mesmo assim, senti-lo *sobre* si mesmo!.... Isso quase nos esmaga... O rancor do que é grande! Outra coisa é o horrível silêncio que sentimos à nossa volta. A solidão tem sete peles, não passa mais nada por ela.

Então vamos para onde há gente, cumprimentamos os amigos, mas tudo isso é apenas mais uma desolação, nenhum olhar nos saúda. No melhor dos casos, é uma espécie de revolta. Senti uma revolta assim em diferentes graus, em quase todas as pessoas que estavam perto de mim; parece que nada magoa mais profundamente do que de repente deixar que se perceba um distanciamento; as naturezas refinadas, que não sabem viver sem respeitar, são muito raras. Uma terceira coisa é a absurda sensibilidade da pele contra pequenas alfinetadas, uma espécie de falta de defesa diante de tudo que é pequeno. Estas parecem exigir um enorme dispêndio de todas as forças defensivas, que são o pressuposto de toda ação *criativa*, toda ação proveniente do nosso mundo mais íntimo e particular. Os *pequenos* poderes defensivos estão igualmente expostos a isso, não recebem mais fluxos de força. Atrevo-me ainda a dizer que passamos a digerir mal, preferimos não nos movimentar mais, ficamos expostos demais aos sentimentos de frieza e também à desconfiança — à desconfiança que em muitos casos é apenas um engano etiológico. Numa situação como essa senti uma vez a proximidade de um rebanho de vacas, quando meus pensamentos mais amenos, mais humanitários retornaram, antes mesmo de conseguir vê-las; nisso, sim, é que existia calor...

6

Essa obra vale por si mesma. Vamos deixar os poetas de lado; talvez nunca se tenha feito nada a partir de uma tal abundância de força. Meu conceito de "dionisíaco" passou a significar ação máxima; comparado a ela, todo o restante da ação humana parece pobre e limitado. O fato de um Goethe, um Shakespeare não terem conseguido, nem por um instante, respirar nessa tremenda empolgação e altitude; de que Dante, diante de Zaratustra, é apenas alguém que crê e não que cria a verdade, não um espírito regendo o mundo, um destino; o fato de que os poetas dos vedas são apenas sacerdotes e nem mesmo dignos de amarrar os cordões dos sapatos de Zaratustra, é o de menos, e não nos dá uma noção da distância, da solidão imensa em que essa obra vive. Zaratustra tem o direito eterno de dizer: "Traço círculos ao meu redor e imponho limites sagrados; cada vez menos gente sobe comigo em montanhas cada vez mais altas; construo cadeias de montanhas cada vez mais sagradas. Se somarmos o espírito e a bondade de todas as grandes almas, todas elas juntas não teriam condições de apresentar um discurso como o de Zaratustra. É imensa a escada que ele sobe e desce; ele viu mais longe, ele quis mais, ele soube mais do que qualquer pessoa. Com cada palavra ele contradiz o mais afirmativo de todos os espíritos; nele, todos os opostos juntaram-se numa nova unidade. As forças mais elevadas e mais baixas da natureza humana, o que há de mais doce, frívolo e terrível jorra de uma fonte com uma certeza imortal. Até então não se sabe o que é altitude, o que é profundidade, e sabe-se menos ainda o que é verdade. Não há um momento nessa revelação da verdade que tivesse sido previsto ou adivinhado por qualquer um dos "grandes". Nunca se falou de sabedoria, busca da alma, ou arte, antes de Zaratustra; no caso, o mais próximo, o cotidiano, fala de coisas inauditas. A sentença tremula de paixão. A eloquência transforma-se em música, raios são atirados a futuros ainda não previstos. A força mais poderosa da metáfora até hoje existente ainda é pobre, é uma brincadeira diante desse retorno da linguagem à natureza do metafórico. E como Zaratustra desce para dizer o melhor a cada um! Como ele toca os sacerdotes, seus rivais, com mãos suaves, e como sofre com eles, e por eles! A todo instante o ser humano é superado, e o conceito "ser humano superior" torna-se uma grande realidade — tudo que até agora se considerou *grande* no ser humano está a uma distância infinita *abaixo* dele. Nunca se sonhou que o alciônico, os pés leves, a onipresença da maldade e do atrevimento e tudo mais que é típico do *Zaratustra* fosse essencial para a grandeza. Justamente nesse espaço, nessa acessibilidade ao oposto é que Zaratustra se sente como a *espécie superior a todo ser*, e, quando ouvimos como ele a define, renunciamos à busca pela sua metáfora:

É a alma, que possui a escada mais longa e desce mais profundamente,

a alma mais ampla, que consegue caminhar, vagar e errar em si mais extensamente,

a mais necessária, que se atira ao acaso com prazer,

a alma que é, que quer ser, quer ter e exigir,

a que foge de si mesma e depois se alcança em círculos cada vez mais distantes,

a mais sábia, a quem a loucura convence mais docemente,

a que ama a si mesma, e na qual todas as coisas têm seus fluxos e contrafluxos, marés altas e baixas.

Mas esse é o conceito do próprio Dioniso. É justamente para onde nos leva outra reflexão. O problema psicológico do personagem de *Zaratustra* é que ele diz não com uma incrível frequência, ele age negativamente em relação a tudo a que até agora sempre se disse sim, e apesar disso consegue ser o oposto de um espírito que sempre diz não. Apesar de ser um espírito que carrega o mais pesado dos destinos, uma missão fatídica, ele consegue ser o mais leve e estar mais além — Zaratustra é um dançarino. Ele teve a visão mais dura, mais terrível da realidade, teve o "pensamento mais abissal" e mesmo assim não considera isso um obstáculo contra a existência, nem mesmo contra o seu eterno retorno, porém muito mais um motivo para *ser ele mesmo* o eterno "sim" a todas as coisas, e dizer "o enorme e ilimitado sim e amém...". *Na verdade, eis de novo o conceito de Dioniso.*

7

Que linguagem esse espírito usará para falar consigo mesmo? A linguagem do *ditirambo*. Eu sou o inventor do ditirambo. Ouçamos como Zaratustra fala consigo mesmo *antes de o sol nascer* (III, 18): uma felicidade tão esmeraldina, uma doçura tão divina, não existe em nenhuma língua antes da minha. A mais profunda melancolia de Dioniso também se torna um ditirambo; tomo como exemplo o *Canto noturno*, o lamento imortal, pela abundância de luz e poder, pela sua natureza *solar*, condenado a ser, e não a amar.

É noite, todas as fontes que jorram falam mais alto. E minha alma também é uma fonte que jorra.

É noite, só então despertam todas as canções dos amantes. E minha alma também é a canção de um amante.

Há em mim alguma coisa intranquila, impossível de tranquilizar, que quer falar mais alto. Há em mim uma ânsia de amor, que fala a linguagem do amor.

Sou luz; ah, se eu fosse noite! Mas esta é a minha solidão, a de ser cingido pela luz.

Ah, se eu fosse obscuro e noturno! Como eu gostaria de sugar nos seios da luz!

E eu gostaria de abençoá-los, vagalumes e pequenas estrelas cintilantes, lá em cima! E ser feliz com seus presentes de luz.

Mas eu vivo na minha própria luz, eu absorvo as chamas que voltam para mim, as chamas que partem de mim.

Não conheço a felicidade daqueles que tomam as coisas; muitas vezes sonhei que roubar deveria trazer mais felicidade do que tomar.

Essa é a minha pobreza, a de que minha mão nunca deixa de presentear; é a minha inveja, ver olhos que esperam e noites claras de saudade.

Oh, infelicidade de todos aqueles que presenteiam! Oh, obscurecimento do meu sol! Oh, ânsia de cobiça! Oh, grande fome na saciedade!

Eles tomam de mim; mas ainda toco na sua alma? Há um abismo entre tomar e dar, e o menor abismo é o último a ser atravessado.

Uma fome cresce a partir da minha beleza; quero ferir aqueles que ilumino, roubar os que presenteio, portanto, estou faminto de maldade.

Retrair a mão, quando outra já se estende na sua direção; como a queda d'água que ao cair ainda vacila; portanto, estou faminto de maldade.

Essa vingança vem da minha plenitude, essa perfídia brota da minha solidão.

Minha felicidade em presentear morreu no próprio presentear, minha virtude cansou-se de tanta abundância!

Quem sempre presenteia corre o risco de perder a vergonha; quem sempre distribui fica com a mão e o coração cheios de calos, de tanto distribuir.

Meu olhar não transborda mais diante da vergonha dos pedintes; minha mão ficou dura demais para o tremor das mãos cheias.

Para onde foram a lágrima do meu olho e a macia plumagem do meu coração? Oh, solidão de todos os que dão! Oh, silêncio de todos os iluminados!

Muitos sóis giram no espaço vazio: a tudo que é obscuro eles falam com sua luz — diante de mim eles se calam.

Oh, essa é a hostilidade da luz contra o que ilumina: sem piedade, ela percorre sua trajetória.

Hostil contra os iluminados, no mais profundo do coração, frio contra os sóis — entretanto, todo sol percorre sua trajetória.

Como uma tempestade os sóis percorrem suas trajetórias, seguem sua vontade inexorável, essa é sua frieza.

Oh, só vocês, obscuros, noturnos, produzem o calor a partir dos iluminados. Oh, só vocês bebem o leite e o soro dos úberes da luz!

Oh, há gelo ao meu redor, minha mão queima no que é gelado! Oh, há sede em mim, e está sequiosa pela sede de vocês.

É noite, preciso ser luz! E sinto sede do que é noturno! E solidão!

É noite, a ânsia irrompe de mim como uma fonte — ela anseia pela fala.

É noite, todas as fontes que jorram falam mais alto. E minha alma também é uma fonte que jorra.

É noite, todas as canções dos amantes despertam. E minha alma é a canção de um amante.

## 8

Nunca se criou, nem se sentiu, nem se *sofreu* uma poesia como essa; é o que sofre um deus, um Dioniso. A resposta a um ditirambo como esse, do isolamento do sol na luz, seria Ariadne... Quem sabe, a não ser eu, o que é Ariadne!... Até agora, ninguém ainda descobriu a solução de todos esses enigmas, eu duvido que alguém tenha visto só enigmas aqui. Zaratustra define sua missão com rigor — uma missão que também é a minha — dizendo que não podemos equivocar-nos sobre a *mente*, ela é *afirmativa* até a justificação, até a redenção de todo o passado.

Caminho entre as pessoas como entre fragmentos do futuro, aquele futuro que eu vislumbro.

E essa é toda a minha poesia e minha aspiração, em que crio e reúno o que é fragmento e enigma, e cruel acaso.

E como eu suportaria ser humano, se os seres humanos não fossem também poetas e decifradores de enigmas e redentores do acaso?

*Redimir os passados* e recriar tudo que "passou", em um simples "Foi assim que eu quis!" — é isso que para mim se chama redenção.

Em outro ponto ele determina, com o máximo rigor possível, o que pode ser para ele "o ser humano" — não um objeto do amor ou até da compaixão; e Zaratustra também consegue dominar o *grande asco* pelo ser humano. Para ele o ser humano é um ser amorfo, uma substância, uma pedra feia, que precisa de um escultor.

Não *querer* mais, não *avaliar* mais e não *criar* mais; oh, que esse grande cansaço fique distante de mim!

No reconhecimento também sinto apenas o desejo da minha vontade de gerar e de vir a ser; e se houver inocência no meu reconhecimento, isso ocorrerá porque há nela uma *vontade de gerar.*

Essa vontade atraiu-me para longe de Deus e dos deuses; o que haveria para se criar, se os deuses existissem?

Mas ela me empurra novamente para o ser humano, essa minha fervorosa vontade de criar, que empurra o martelo à pedra.

Oh, vocês humanos, na pedra dorme uma imagem, a imagem das imagens! Oh, por que precisa dormir na pedra mais dura, mais feia?

Então meu martelo se arremessa furioso contra a sua prisão. Os fragmentos saltam da pedra; mas o que me importa tudo isso!

Quero completá-lo, pois uma sombra chegou perto de mim, o que existe de mais silencioso e leve em todas as coisas chegou até mim!

A beleza do homem superior chegou até mim como uma sombra; o que me importam os deuses!...

Vou expor aqui um último ponto de vista: o verso destacado fornece-me um estímulo a isso. Os pressupostos da dureza, do martelo, o *próprio desejo da destruição* fazem parte, de forma determinante, de uma *missão dionisíaca.* O imperativo "tornem-se duros!", a certeza de que *todos os criadores são duros,* é a verdadeira insígnia de uma natureza dionisíaca.

## Além do Bem e do Mal
## Prólogo a uma filosofia do futuro

1

A minha missão para os anos seguintes foi determinada com o maior rigor possível. Depois que a parte afirmativa foi resolvida, chegou a vez da metade negativa, a do *não fazer*; a própria transvaloração dos valores, a grande guerra, a invocação de um dia de decisão. Nesse caso inclui-se a cautelosa busca pelos aparentados, por aqueles que me estenderiam a mão com toda a sua força *destrutiva*. Então todos os meus escritos passam a ser anzóis; talvez eu me veja como alguém que sabe pescar?... Se eu não conseguir *pegar* nada, a culpa não é minha. *Não havia peixes...*

2

Essencialmente esse livro (1886) é uma *crítica à modernidade*, sem excluir as ciências modernas, as artes modernas, até mesmo a política moderna, apontando para um tipo oposto, o menos moderno possível, um tipo nobre, afirmativo. No seu sentido essencial o livro é uma escola *des gentilshommes*, em que o conceito é usado de forma mais espiritual e radical do que nunca. É preciso ter coragem para suportá-lo, é preciso nunca ter aprendido a sentir medo... Todas as coisas das quais essa época se orgulha são percebidas como uma contradição a esse tipo, quase uma espécie de "maus modos", a famosa "objetividade", por exemplo, a "compaixão por tudo que sofre", o "sentido histórico" com sua submissão ao gosto alheio, sua reverência aos *petits faits*, a "cientificidade". Se pensarmos que o livro foi escrito *depois* do *Zaratustra*, talvez também se identifique o regime dietético ao qual ele deve a sua existência. O olhar, habituado a uma enorme necessidade de *enxergar longe* — Zaratustra enxerga mais longe ainda do que o czar — nesse caso é forçado a captar precisamente o que está próximo, o tempo, o que está à *nossa volta*. Encontraremos em todos os trechos, sobretudo também na forma, um mesmo afastamento *voluntário* dos instintos, a partir dos quais um *Zaratustra* tornou-se possível. O refinamento da forma, do propósito, da arte do silêncio, está em primeiro plano, a psicologia é tratada com particular dureza e crueldade, o livro prescinde de qualquer palavra bondosa... Tudo isso nos restabelece; afinal, quem sabe *que* tipo de restabelecimento essa abundância de bondade, como é o *Zaratustra*, torna necessário? Falando teologicamente — ouçam bem, pois raramente eu falo como teólogo —, foi o próprio Deus que se escondeu sob a árvore do conhecimento, disfarçado de serpente, no final da sua obra de cada dia: foi assim que ele se restabeleceu da sua condição de Deus... Havia feito tudo belo demais... O demônio é apenas o ócio de Deus em cada sétimo dia...

## Genealogia da Moral
## Um texto polêmico

Quanto à expressão, ao propósito e à arte da surpresa, os três ensaios que compõem essa genealogia talvez sejam o que de mais inquietante se escreveu até agora. Sabemos que Dioniso também é o deus das trevas. Sempre há um começo que *precisa* confundir, que é frio, científico, até irônico, propositadamente um primeiro plano, propositadamente moratório. Cada vez mais inquietação; relâmpagos esporádicos; verdades muito desagradáveis vindas de longe e com um bramido surdo cada vez mais potente, até que finalmente se alcança um *tempo feroce*, em que tudo empurra as coisas para a frente, sob tremenda tensão. No final há sempre uma nova verdade, que se torna visível entre nuvens espessas, e sob terríveis detonações. A verdade do *primeiro ensaio* é a psicologia do cristianismo, o nascimento do cristianismo a partir do espírito do ressentimento, e *não*, como se acredita, apenas do "espírito". É o movimento contrário à sua essência, o grande levante contra o domínio dos valores *nobres*. O *segundo ensaio* mostra a psicologia da consciência; ela *não* é, como se acredita, a "voz de Deus no ser humano"; é o instinto da crueldade que recua, depois de não conseguir mais se descarregar para fora. A crueldade como um dos mais antigos e impensáveis subterrâneos da cultura, pela primeira vez trazida à tona aqui. O *terceiro* ensaio responde à pergunta de onde vem o imenso *poder* do ideal ascético do sacerdócio, o ideal mais *prejudicial par excellence*, uma vontade para o fim, um ideal de *décadence*. Resposta: não foi porque Deus age por trás dos sacerdotes, como se acredita, mas, *faute de mieux*, porque foi o único ideal existente até agora, não teve concorrentes. "O ser humano ainda prefere 'não querer nada', em vez de *não* querer..." Sobretudo, faltou um *anti-ideal, pelo menos até chegar Zaratustra*. Vocês me entenderam. Três decisivos trabalhos preliminares de um psicólogo, para a transvaloração de todos os valores. Esse livro contém a primeira psicologia do sacerdote.

## O Crepúsculo dos Ídolos
## Como se filosofa com um martelo

1

Esse texto de menos de 150 páginas, de tom alegre e fatídico, um demônio que ri, a obra de tão poucos dias, cujo número até tenho vergonha de revelar, é uma exceção dentre os meus livros; ele não apresenta nada de mais substancial, independente, espantoso ou maldoso. Se quisermos ter uma noção de como tudo estava de ponta-cabeça antes de mim, podemos iniciar com esse texto. O "ídolos" do título é o que simplesmente até agora foi chamado de "verdade". *Crepúsculo dos ídolos* quer dizer o fim da antiga verdade...

2

Nesse texto não se deixou de tocar em nenhuma realidade, nenhuma "idealidade" (tocar — que eufemismo cuidadoso!...) Não só nos ídolos eternos, mas também nos mais recentes, consequentemente velhos e fracos. As "ideias modernas", por exemplo. Um vento forte sopra entre as árvores e em todos os lugares as frutas caem no chão — são as verdades. É a abundância de um outono rico demais, tropeçamos em verdades, até pisamos em algumas matando-as, são demais... Mas o que conseguimos pegar já não é mais questionável, já são as decisões. Só eu tenho o parâmetro das "verdades" na minha mão, só eu *posso* decidir. É como se nascesse em mim uma outra *consciência*, como se em mim "a vontade" acendesse uma luz sobre o caminho tortuoso pelo qual ela até agora só foi para baixo... O caminho *tortuoso* era chamado de caminho à "verdade"...Acabou-se todo o "impulso obscuro", o ser humano *bom* foi o que menos tinha consciência do caminho correto... E, falando sério, antes de mim ninguém conhecia o caminho correto, o caminho *para cima*; só a partir de mim surgiram novas esperanças, missões, caminhos recomendáveis da cultura — *sou seu alegre mensageiro*... Justamente por isso sou também um destino.

3

Logo depois da conclusão da obra citada e sem perder um único dia, assumi a enorme missão da *transvaloração dos valores*, com uma incomparável sensação soberana de orgulho, a cada instante mais certo da minha imortalidade, gravada em placas de bronze letra por letra, com a certeza de um destino. O prefácio surgiu no dia 3 de setembro de 1888; quando saí ao ar livre, depois de escrevê-lo, deparei-me com o mais belo dia que o Oberengadin jamais me apresentara — transparente, de cores cintilantes, encerrando em si todos os contrastes, todos os entremeios do gelo do norte e do calor do sul. Depois de permanecer retido pelas inundações, só consegui sair no dia 20 de setembro de Sils-Maria, esse lugar maravilhoso, onde eu fora de longe o único hóspede, e ao qual darei de presente um nome imortal, como sinal de minha eterna gratidão. Após uma viagem cheia de contratempos, em que até corri risco de vida na cidade de Como totalmente transbordada, onde só consegui chegar altas horas da noite, alcancei Turim na tarde do dia 21, o *meu destino*, minha residência a partir de então. Fui para a mesma casa em que havia permanecido na primavera, na *via* Alberto, 6, III, de frente para o imponente *palazzo* Carignano, no qual nasceu Vittorio Emanuelle, e com uma bela vista para a *piazza* Carlo Alberto, e, mais além, para as colinas. Sem hesitar, e sem me deixar distrair por um momento sequer, comecei a trabalhar de novo; faltava apenas a última quarta parte da obra. No dia 30 de setembro, uma grande vitória: consegui concluir a transvaloração dos valores; ociosidade de um deus ao longo do rio Po. No mesmo dia ainda escrevi o *prefácio* ao *Crepúsculo dos ídolos*; a correção das suas provas havia sido meu repouso, no mês de setembro. Nunca vivenciei um outono como aquele, e também nunca julguei possível existir algo desse tipo na Terra, um Claude Lorrain imaginado ao infinito, todos os dias de uma mesma perfeição exuberante.

# O Caso Wagner

## O problema de um músico

### 1

Para fazer jus a esse texto, devemos sofrer pelo destino da música como sofremos com uma ferida aberta. Mas por que eu sofro, quando sofro com o destino da música? Porque a música surgiu com um caráter afirmativo transfigurador universal e tornou-se decadente, não é mais a flauta de Dioniso... Levando-se em conta porém que desse modo sentimos a problemática da música como nossa *própria* problemática, nosso próprio histórico de sofrimento, acharemos esse texto respeitador e até brando, além de todas as medidas. Nesses casos, ser alegre e também escarnecer, de forma benevolente — *ridendo dicere severum*, em que o *verum dicere* justificaria qualquer severidade —, é a própria humanidade. Na verdade, quem duvida que eu, como velho artilheiro que sou, tenho o poder de apontar meu *pesado* canhão contra Wagner? Eu me mantive reservado em relação a tudo que foi determinante nessa questão — eu amei Wagner. Finalmente, no sentido e nos caminhos da minha missão ainda há o ataque a um "desconhecido" mais refinado, não facilmente identificado por um outro. Ainda preciso descobrir outros "desconhecidos" — que não sejam um Cagliostro da música — principalmente num ataque àquela que é a mais pobre de instinto e sempre indolente nas coisas intelectuais, a nação alemã, cada vez mais *honesta,* que vai em frente com um apetite invejável alimentando-se de contradições, e que, sem problemas digestivos, engole a "fé", a cientificidade, o "amor cristão", o antissemitismo, a vontade de poder (do "império") assim como o *évangile des humbles*... Essa falta de escolha entre os opostos! Essa neutralidade e esse "altruísmo"! Esse sentido de justiça do *paladar* alemão, que dá direitos iguais a tudo, que acha tudo saboroso... Sem qualquer dúvida os alemães são idealistas... Na última vez em que visitei a Alemanha, encontrei o gosto alemão esforçando-se em dar direitos iguais a wagnerianos e trompetistas de Säckingen; eu mesmo fui testemunha da fundação de uma associação Liszt, em Leipzig, em homenagem a um dos músicos mais autênticos e o mais alemão que conheço, não um simples alemão do império, mas um alemão no antigo sentido da palavra, o mestre *Heinrich Schütz*. O objetivo era preservar e divulgar a música eclesiástica "maliciosa"[1]... Sem qualquer dúvida, os alemães são idealistas...

---

[1] Em alemão, "listig", um trocadilho com o nome de Liszt.

## 2

Mas nada deve impedir-me de ser grosseiro e dizer algumas duras verdades aos alemães: *quem mais o faz*? Eu falo da sua impudicía *in historicis*. Não só que os historiadores alemães perderam totalmente a grande visão do processo, dos valores da cultura, e todos eles juntos são os palhaços da política (ou da Igreja); mas porque essa grande visão foi *proscrita* até por eles. Primeiro deve-se ser "alemão", "raça", depois pode-se decidir *in historicis* sobre todos os valores e não-valores — nós os determinamos... "Alemão" é um argumento, "Alemanha, Alemanha sobre tudo" é um princípio, os germânicos são a "ordem moral do mundo" na história; em relação ao império romano eles são os portadores da liberdade, em relação ao século XVIII são os restauradores da moral, do "imperativo categórico"... Existe uma historiografia do império alemão, eu temo até que exista uma antissemítica; existe uma historiografia da *corte*, e certamente o senhor von Treitschke não se envergonha dela... Ultimamente a opinião de um idiota *in historicis*, uma frase do felizmente falecido esteta suábio Vischer, circulou pelos jornais alemães como uma "verdade" à qual todo alemão *tinha de dizer sim*: "O Renascimento *e* a Reforma, os dois juntos é que formam um todo — o renascimento estético e o renascimento moral". Com frases como essa a minha paciência se esgota, e eu sinto prazer, até sinto que é um dever, dizer aos alemães *quanta coisa* já lhes pesa na consciência. *O que lhes pesa na consciência são todos os crimes culturais dos últimos quatro séculos*!... E sempre pelo mesmo motivo, isto é, por causa da sua covardia diante da realidade, que também é a covardia diante da verdade, por causa da falsidade que neles se tornou instinto, por causa do "idealismo"... Os alemães fizeram que a Europa perdesse a colheita, o significado da última *grande* era, a era do Renascimento, num momento em que uma ordem superior de valores, em que os valores nobres, os que dizem *sim* à vida, os que garantem o futuro conseguiram tomar o lugar dos valores opostos, do declínio — *até o âmago dos instintos dos que haviam ocupado esses lugares*!

Lutero, aquele monge maldito, e o cristianismo, mil vezes pior, essa negação da vontade à vida, que se tornou religião!... Lutero, um monge impossível, que por causa da sua "impossibilidade" atacou a Igreja e depois a restaurou...Os católicos teriam motivos para realizar comemorações luteranas, criar poemas para dramaturgias luteranas... Lutero e o "renascimento moral"! Para o inferno com toda essa psicologia! Sem dúvida os alemães são idealistas.

Logo depois de terem alcançado por duas vezes, com enorme coragem e autossuperação, uma forma de pensar íntegra, inequívoca, totalmente científica, eles conseguiram encontrar desvios para o antigo "ideal", conciliações entre a verdade e o "ideal", basicamente fórmulas para um direito de recusar a ciência, um direito à *mentira*. Leibniz e Kant — esses dois maiores estorvos da integridade da Europa! Finalmente quando, sobre a ponte de dois séculos de decadência, tornou-se visível uma *force majeure* de gênio e vontade, forte o bastante para produzir uma unidade política e *econômica* na Europa, com o objetivo de governar a Terra, os alemães, com suas "guerras de libertação", conseguiram destruir a Europa, acabar com a maravilha da existência de Napoleão. Assim, tudo que veio depois, o que existe hoje, pesa-lhes na consciência; inclusive o nacionalismo, essa doença e irracionalidade *contrárias* à cultura, essa *névrose nationale*, que é a doença da Europa, essa perpetuação dos pequenos estados da Europa, da *pequena* política; eles destruíram a própria Europa, seu sentido, sua razão, eles a levaram a um beco sem saída. Será que alguém além de mim conhece um *caminho* para sair desse beco?... Será que é uma missão grande demais *unir* os povos novamente?...

3

E, por fim, por que eu não deveria traduzir minha suspeita em palavras? Apesar de mim, os alemães vão tentar novamente fazer de tudo para, a partir de um destino grandioso, dar à luz um rato. Até agora estão mal comigo, e duvido que melhorem no futuro. Oh, quanto me custa ser um *mau* profeta!... Atualmente meus leitores e ouvintes já são os russos, os escandinavos e os franceses — serão sempre mais? Os alemães estão inscritos na história do conhecimento com muitos nomes ambíguos, produziram apenas falsificadores "inconscientes". A Fichte, Schelling, Schoppenhauer, Hegel, Schleiermacher,[2] essa palavra convém tão bem quanto a Kant e Leibniz, são todos apenas meros dissimuladores. Nunca terão a honra de ver o primeiro espírito íntegro na história do espírito — com uma verdade acima da falsidade de quatro milênios — ser equiparado ao espírito alemão. O "espírito alemão" é meu *ar ruim*; respiro com dificuldade perto dessa sujeira *in psychologicis* que se tornou instinto, denunciada em cada palavra, cada fisionomia de um alemão. Eles nunca passaram por um décimo sétimo século de duras provações como os franceses, um Rochefoucauld, um Descartes, centenas de vezes superiores em integridade aos primeiros alemães; até hoje não apareceu entre os franceses nenhum psicólogo. A psicologia é quase o parâmetro da pureza ou da impureza de uma raça... E, quando nem se é puro, como se pode ter *profundidade*? No alemão, como na mulher, nunca se chega ao fundo, pois não há fundo *nenhum*. Isso é tudo. Mesmo assim, nem ao menos ele é superficial. O que na Alemanha se chama de "profundo" é justamente essa sujeira do instinto contra si mesmo, da qual acabei de falar: não se *quer* ter clareza sobre si mesmo. Será que eu não poderia propor a palavra "alemão" como definição internacional para *essa* decadência psicológica? Por exemplo, neste momento o imperador alemão chama

---

[2] Numa tradução literal, fazedor de véus.

de "dever cristão" libertar os escravos da África; entre nós, os *outros* europeus, poderíamos simplesmente chamá-lo de "alemão"... Será que os alemães jamais publicaram um livro que tivesse profundidade? Até lhes falta o conceito do que seria profundo num livro. Conheci eruditos que achavam Kant profundo; temo que na corte prussiana considerem até o senhor von Treitschke profundo. E, quando eventualmente elogio Stendhal como um psicólogo profundo, encontro professores universitários alemães que me pedem para soletrar seu nome...

4

E por que eu não deveria ir até o fim? Gosto de deixar as coisas claras. Faz parte do meu orgulho ser considerado alguém que despreza os alemães, *par excellence*. Com vinte e seis anos de idade eu já expressava minha *desconfiança* pelo caráter alemão (veja na terceira extemporânea); para mim os alemães são impossíveis. Quando imagino uma espécie de gente que vai contra os meus instintos, então esse alguém é sempre um alemão. A primeira coisa que levo em conta ao "testar" uma pessoa é saber se ela possui uma percepção de distanciamento físico, se ela sempre enxerga uma hierarquia, um grau, uma ordem entre os seres humanos, se consegue *distingui-los*; é isso que a torna um *gentilhomme*. Em qualquer outro caso ela pertence, inexoravelmente, ao grupo dos que têm coração altruísta, uma definição bastante benevolente de *canaille*.. Mas os alemães são *canaille* — ora! Eles são tão benevolentes... Nós nos rebaixamos quando nos relacionamos com os alemães: o alemão *nivela*... Com exceção do meu relacionamento com alguns artistas, sobretudo Richard Wagner, não passei um tempo muito agradável com os alemães... Supondo-se que o espírito mais profundo de todos os milênios surgisse entre os alemães, um salvador qualquer do Capitólio presumiria que sua nada bela alma também deveria, no mínimo, ser considerada... Não suporto essa raça, com ela estamos sempre em má companhia, ela não tem sensibilidade para as nuanças — ai de mim! Sou uma nuança que não tem o *esprit* nos pés, a ponto de nem conseguir andar... Os alemães nem têm pés, apenas pernas... Para os alemães todo conceito parte do princípio de quão maldosos são, mas isso é o superlativo da maldade — eles nem se *envergonham* de serem apenas alemães... Participam de conversas sobre qualquer coisa, consideram-se decisivos, eu temo até que já se decidiram a meu respeito... Toda a minha vida é uma prova *de rigueur* dessas frases. É inútil procurar nela um sinal de tato, de delicadeza por mim. Dos judeus sim, mas nunca dos alemães. Meu jeito de ser determina que eu seja delicado e benevolente com todos — eu tenho o *direito* de não fazer distinções, mas isso não impede que eu tenha os olhos abertos. Não excluo ninguém, menos ainda meus amigos, espero que isso não tenha provocado nenhum dano à minha humanidade! Existem cinco, seis, coisas que sempre foram uma questão de honra para mim. Mesmo assim é verdade que há anos considero quase toda carta que me chega às mãos como um grande cinismo. Há mais cinismo na benevolência do que em qualquer ódio que possam sentir... Digo para cada um dos meus amigos, frente a frente, que eles nunca se esforçaram em *estudar* qualquer um dos meus escritos; percebo, pelos mínimos sinais, que eles nem sabem o que há nos textos. Quanto ao meu *Zaratustra*, qual dos meus amigos terá visto algo mais do que uma presunção proibida, que por sorte lhes é indiferente? Dez anos, e ninguém na Alemanha teve a consciência de assumir a responsabilidade de defender meu nome contra o absurdo silêncio em que estava sepultado. Um estrangeiro, um dinamarquês, foi o primeiro que teve o refinamento de instinto e a *coragem* suficientes para se indignar com os meus supostos amigos... Em que universidade alemã seria possível, hoje, a realização de palestras sobre a minha filosofia, como as que foram realizadas na última primavera em Copenhague pelo competente psicólogo Dr. Georg Brandes? Eu mesmo nunca sofri com tudo isso; o necessário não me ofende, o *amor fati* é a minha natureza mais íntima. Mas isso não exclui o fato de que amo a ironia, até mesmo a ironia histórico-universal. E, assim, cerca de dois anos antes do raio devastador da transvaloração de valores que vai convulsionar a Terra, enviei o "caso Wagner" ao mundo; os alemães deveriam novamente equivocar-se para sempre a meu respeito e *eternizar-me*! Ainda há tempo para isso! Conseguiram? Foi encantador, meus senhores germânicos! Eu os cumprimento! Para que não faltem os amigos, uma velha amiga acaba de me escrever, dizendo que está *rindo* de mim... E isso num momento em que recai sobre mim uma indizível responsabilidade; nenhuma palavra é delicada demais, nenhum olhar, respeitoso o bastante, pois carrego o destino da humanidade nos ombros.

## Por que sou um destino

### 1

Conheço a minha sina. Um dia meu nome será ligado à lembrança de algo prodigioso — uma crise como nunca existiu na Terra, a mais profunda colisão da consciência, a decisão de contrariar tudo em que até então se havia acreditado, exigido, santificado. Não sou um ser humano, sou dinamite. E, mesmo assim, não há nada em mim que se pareça a um fundador de religião — as religiões são coisa de ralé, lavo as mãos sempre que toco em pessoas religiosas... Não *quero* seguidores fiéis, acho que sou maldoso demais para acreditar em mim mesmo, nunca falo às massas...Tenho um medo terrível de que um dia me declarem "santo"; as pessoas logo vão perceber por que publiquei este livro *antes*, ele vai impedir que cometam algum desatino comigo... Não quero ser santo, prefiro ser palhaço... Talvez eu seja um palhaço... E apesar disso, ou melhor, não apesar disso — pois até hoje não existiu nada mais falso do que os santos — o que fala em mim é a verdade. Mas minha verdade é assustadora, pois até agora a *mentira* foi chamada de verdade. *A transvaloração de todos os valores*: essa é a minha fórmula para um ato da mais elevada autoconscientização da humanidade, que se tornou carne e gênio em mim. Minha sina determina que eu seja a primeira pessoa *decente*, sempre contra a mentira que perdurou por milênios... Fui o primeiro a *descobrir* a verdade, visto que fui o primeiro a perceber, a farejar a mentira como mentira... Meu gênio está nas minhas narinas... Eu contradigo tudo, como nunca se contradisse antes, mesmo assim sou o oposto de um espírito que diz não. Sou um *alegre mensageiro* como nunca existiu antes, conheço missões tão elevadas que até agora nunca se teve noção delas; só a partir de mim surgirão novas esperanças. E, com tudo isso, sou necessariamente o homem da fatalidade. Pois, quando a verdade entrar em luta contra a mentira de milênios, surgirão abalos, convulsões e terremotos, um grande deslocamento de montanhas e vales, como nunca se sonhou. O conceito de política desaparecerá totalmente em uma guerra de espíritos, todas as configurações de poder da antiga sociedade explodirão no ar — todas elas se baseiam na mentira; surgirão guerras como nunca antes na Terra. Só a partir de mim passará a existir a *grande política* na Terra.

## 2

Vocês querem uma fórmula para esse destino que se tornou gente? Ela está no meu *Zaratustra*.

Quem quiser ser um criador no bem e no mal, precisa primeiro ser um destruidor e romper valores.

Assim, o maior mal pertence ao maior bem: mas este é mais fecundo.

Sou de longe a pessoa mais terrível que já existiu; isso não quer dizer que não serei a mais benfeitora. Conheço o prazer de *destruir*, num grau condizente com a minha *força* de destruição; em ambos, na destruição e no benefício, obedeço à minha natureza dionisíaca, que não separa o "não fazer" do "dizer sim". Sou o primeiro *imoralista*; e, assim, o *destruidor par excellence.*

## 3

Não me perguntaram, mas deviam ter-me perguntado o que significa o nome *Zaratustra*, pronunciado justamente por mim, pela boca do primeiro imoralista; pois o que torna esse persa único na história é justamente o contrário disso. Zaratustra foi o primeiro a ver, na luta do bem contra o mal, a verdadeira roda no mecanismo das coisas — a tradução da moral ao metafísico, como força, origem, objetivo em si, é obra sua. Mas basicamente essa pergunta já seria a resposta. Zaratustra *criou* esse equívoco fatídico, a moral; consequentemente ele também deverá ser o primeiro a *reconhecê-lo*. Não só porque se trata da experiência maior e mais longa de qualquer pensador — afinal, toda a história é a refutação experimental da proposição da assim chamada "ordem moral do mundo"; porém o importante é que Zaratustra possui mais veracidade do que qualquer pensador.

Sua doutrina, e só ela, possui a veracidade como virtude suprema, quer dizer, é o oposto à *covardia* do "idealista", que foge diante da realidade. Zaratustra possui mais coragem do que todos os pensadores juntos. Falar a verdade e *atirar bem com a arco e a flecha* são as maiores virtudes persas. Vocês me entenderam?... A autossuperação da moral por meio da veracidade, a autossuperação do moralista transformando-se no seu oposto — *em mim* — é isso que significa, para mim, o nome Zaratustra.

## 4

Basicamente o conceito de *imoralista* contém duas negações. Por um lado, renego um tipo de gente que até agora foi considerado superior a todos os outros, os *bons, os bem-intencionados, os benfeitores*; por outro, renego um tipo de moral que se tornou vigente e dominante como a própria moral em si — a moral da decadência, ou, numa expressão mais palpável, a moral *cristã*. Poderíamos considerar a segunda contradição como decisiva, pois a supervalorização do bem e das boas intenções, no geral, já é para mim a consequência da decadência, o sintoma da fraqueza, incompatível com uma vida afirmativa e em ascensão; no "dizer sim", negação e *destruição* são condições necessárias. Em seguida eu me concentrarei na psicologia do ser humano bom. Para se fazer a estimativa do que vale um certo tipo de ser humano, devemos calcular o preço da sua manutenção — devemos conhecer as condições da sua existência. A condição da existência do ser humano bom é a *mentira*; ou, expressando isso de outro modo, o "não *querer*" ver, de jeito nenhum, como é feita a realidade de fato, e *não* a realidade do tipo que promove o tempo todo os instintos das boas intenções, muito menos do tipo que se deixa agradar o tempo todo por mãos bondosas e tacanhas. As *crises* de todo tipo, encaradas geralmente como um obstáculo, como algo que devemos *eliminar*, são a *niaiserie par excellence*, consideradas uma verdadeira desgraça quanto às suas consequências, um destino de pura idiotice, quase tão idiota quanto a vontade de eliminar as más condições climáticas, só por pena dos pobres... Na grande economia do todo, as coisas terríveis da realidade (nos afetos, nas cobiças, na vontade de poder) são, numa medida incalculável, muito mais necessárias do que aquelas formas de pequena felicidade, as assim chamadas "bondades". Precisamos até ser indulgentes ao conceder um lugar a estas últimas, pois elas dependem da mentira dos instintos. Tenho uma forte razão para comprovar, para toda a história, as consequências terríveis e desmedidas do *otimismo*, esse produto do *homines optimi*. Zaratustra, o primeiro a entender que o otimista é tão decadente quanto o pessimista e talvez até mais danoso, diz: *"As pessoas boas nunca dizem a verdade. Os bons lhes ensinaram falsos rumos e falsas seguranças; vocês nasceram e se abrigaram nas mentiras dos bons. Tudo foi falseado e distorcido até o fundo, pelos bons"*. Felizmente a Terra não foi construída pelos instintos em que os rebanhos de animais bondosos encontram sua minguada felicidade. Exigir que todo ser humano deva ser "bom", um animal de rebanho, de olhos azuis, benevolente, uma "bela alma" ou, como deseja o senhor Herbert Spencer, altruísta, significaria eliminar da existência seu *grande* caráter, castrar a humanidade e reduzi-la a uma mísera "chinesice". *E foi isso que se tentou fazer! Foi o que se chamou de moral...* Nesse sentido Zaratustra chama os bons ora de "últimos seres humanos", ora de "início do fim"; e sobretudo ele os define como "o tipo mais danoso de ser humano", porque impõem sua existência à custa da *verdade* e à custa do *futuro*.

Os bons — não conseguem *criar*, são sempre o começo do fim —

— crucificam aquele que escreve novos valores em novas tábuas, sacrificam-se ao futuro, e crucificam o futuro de todas as pessoas!

Os bons — sempre foram o início do fim...

E entre todos os danos que os difamadores do mundo poderiam provocar, *o dano provocado pelos bons seria o pior deles.*

5

Consequentemente Zaratustra, o primeiro psicólogo dos seres humanos "bons", é um amigo dos maus. Um tipo decadente de ser humano só chega a uma categoria máxima à custa do seu tipo oposto, o tipo de ser humano forte e consciente da vida. Enquanto o animal do rebanho brilha na mais pura virtude, o ser humano excepcional é desvalorizado, rebaixado até o mal. Quando a mentira reivindica a qualquer preço para a sua ótica a palavra "verdade", o que é verdadeiramente autêntico será redescoberto sob os piores nomes. Nesse caso Zaratustra não deixa dúvidas; ele diz que, justamente ao conhecer os "bons", os "melhores", é que ficou horrorizado com os seres humanos; por causa dessa repulsa nasceram-lhe asas, a fim de "voar para futuros longínquos". Ele não esconde que *seu* tipo de ser humano, um tipo relativamente supra-humano, é assim justamente em relação aos *bons*, e que os bons e justos chamariam esse super-homem de *demônio*...

Minha dúvida sobre vocês, seres humanos superiores, identificados pelo meu olhar, é imaginar se chamariam meu super-homem de demônio, o que até me faria rir secretamente!

Em sua alma vocês são tão alheios ao que é grande, que o super-homem seria para vocês *horrível* em sua bondade...

Nesse ponto, e em nenhum outro, para entendermos o que Zaratustra *quer*, devemos acrescentar: esse tipo de ser humano que ele concebeu concebe a realidade *como* ela é, de fato; ele é suficientemente forte para isso — não é alheio a ela, não recua, ele é *ela mesma*, encerra em si tudo que é terrível e questionável, e só com isso é *que o ser humano pode ter grandeza*...

6

Escolhi para mim a palavra *imoralista* num outro sentido também, para ser minha marca, meu sinal de honra; sinto orgulho dessa palavra, ela me destaca de todo o resto da humanidade. Ninguém ainda sentiu a *moral cristã abaixo de si*, para isso é preciso superioridade, visão ampla, e uma profundidade e abissalidade psicológicas até hoje inéditas. A moral cristã foi a Circe de todos os pensadores — eles estavam a seu serviço. Quem, antes de mim, desceu aos covis que exalam o bafo venenoso desse tipo de ideal — a *difamação do mundo*! Quem jamais ousou adivinhar que eram mesmo covis? Quem, antes de mim, foi psicólogo entre os filósofos, e não o seu oposto, o "grande farsante", o "idealista"? Antes de mim não existia psicologia nenhuma. Ser o primeiro pode ser uma maldição, de qualquer modo é um destino, pois também como primeiro posso sentir desprezo... O *asco* que sinto pelo ser humano é um perigo...

7

Vocês me entenderam? O que me delimita, o que me deixa à parte de todo o restante da humanidade é ter desmascarado a moral cristã. Por isso precisei de uma palavra que tivesse o sentido de um desafio para cada ser humano. Não ter aberto os olhos antes é para mim a maior sujeira que a humanidade carrega na consciência, como um autoengano que se transformou em instinto, como uma vontade básica de *não ver* os acontecimentos, as causalidades, a realidade toda como uma moeda falsa, *in psychologicis,* até o nível do crime. A cegueira diante do cristianismo é o *crime par excellence* — o crime contra a *vida*... Os milênios, os povos, os primeiros e os últimos, os filósofos e as velhas mulheres — descontando-se cinco ou seis momentos da história, sendo eu o sétimo — nesse ponto todos eles se merecem. Até agora o Cristo foi o "ser moral" mais absurdo, falso, presunçoso, leviano, mais *prejudicial a si mesmo* do que o maior desprezador da humanidade jamais poderia sonhar. A moral cristã é a forma mais pérfida do desejo de mentir, a verdadeira Circe da humanidade, aquilo que a *destruiu.* O que me horroriza neste momento *não* é o engano como engano, não são os milênios de falta de "boa vontade", de disciplina, de educação, de coragem no âmbito espiritual, que se revelam na sua vitória; é a falta de natureza, é o fato terrível de que a própria *antinatureza,* como moral, obteve as maiores honras e permaneceu ligada à humanidade como uma lei, um imperativo categórico!... Equivocar-se nesse sentido, *não* como indivíduo, *não* como povo, mas como humanidade!... Que se tenha ensinado o desprezo pelos primeiros instintos de vida; que se tenha forjado uma "alma", um "espírito" para fazer do corpo algo vergonhoso; que se tenha ensinado a considerar impuro o próprio pressuposto da vida, o sexo; que se veja o princípio do mal na mais profunda necessidade de prosperar, no forte egocentrismo (a palavra em si já é uma calúnia!); e que, inversamente, no típico sinal do declínio e da contradição do instinto, no "altruísmo", na perda de peso, na "despersonalização" e no "amor ao próximo" (o "centro no outro") veja-se o valor *máximo* — o que estou dizendo! Veja-se o *próprio valor em si*!... O quê! Será que a própria humanidade está em decadência? Será que ela sempre esteve? O certo é que só lhe *ensinaram* valores decadentes, como sendo os valores mais elevados. A moral da autoanulação é a moral do declínio *par excellence*, o fato concreto "eu me destruo" é transposto ao imperativo: "Todos vocês *devem* destruir-se" — e não só ao imperativo!... Essa moral única ensinada até agora, a moral de autoanulação, revela uma vontade de chegar ao fim, ela *renega* a vida. Nesse caso ainda há a possibilidade de que a decadência não seja da humanidade como um todo, mas só daquele tipo de ser humano parasitário, os *sacerdotes*, que sobem na vida mentindo sobre os valores morais — e que, na moral cristã, vislumbraram um meio de chegar ao *poder*... Na prática, esta é a *minha* opinião: os professores, os líderes da humanidade, inclusive os teólogos, também eram decadentes; *daí* a inversão de todos os valores, *daí* tudo que é hostil à vida, *daí* a moral.... *Definição* de moral: "A moral é a idiossincrasia dos decadentes com o propósito velado de se vingarem da *vida* — e com êxito". Dou muita importância a essa definição.

## 8

Vocês me entenderam? Eu não disse nenhuma palavra que já não tivesse dito há cinco anos pela boca de Zaratustra. A descoberta da moral cristã foi um evento sem igual, uma verdadeira catástrofe. Quem esclarece esses fatos é uma *force majeure*, um destino — ele divide a história da humanidade em duas partes. Vive-se *antes* dele, vive-se *depois* dele... O raio da verdade atinge justamente o que até agora esteve no ponto mais elevado; quem entende o que foi destruído, nesse caso, deverá observar se ainda restou alguma coisa em suas mãos. Tudo que até agora se chamou de "verdade" foi reconhecido como a mais prejudicial, nociva e subterrânea forma de mentira, a sagrada justificativa de "melhorar" a humanidade, como um artifício para sugar a vida, tornando-a anêmica. A moral como *vampirismo*... Quem desmascara a moral descobre também o não valor de todos os valores, nos quais se acredita ou se acreditou; não vê mais nada de venerável no tipo de ser humano mais venerado, até mesmo considerado santo, vê apenas o tipo mais funesto de monstro, funesto *porque fascinava*... O conceito de "Deus", inventado como um conceito oposto à vida, concentrou numa terrível unidade tudo que existe de nocivo, venenoso, calunioso, toda a hostilidade mortal contra a vida! O conceito de "além", de "mundo verdadeiro", foi inventado para desvalorizar o *único* mundo que existe, para não deixar mais nenhum objetivo, nenhuma razão, nenhuma missão para a realidade do nosso mundo! O conceito de "alma", "espírito" e ainda por cima de "alma imortal", foi inventado para desvalorizar o corpo, para deixá-lo doente — "santo", para incorporar uma terrível insensatez a todas as coisas que merecem ser levadas a sério na vida, como as questões da alimentação, da habitação, a dieta espiritual, o tratamento de doenças, o asseio, o clima! Em vez da saúde, a "salvação da alma", uma *folie circulaire* entre a convulsão da penitência e a histeria da salvação! O conceito de "pecado" foi inventado junto com o respectivo instrumento de tortura, o conceito de "livre-arbítrio" para confundir os instintos, para transformar a desconfiança contra os instintos numa segunda natureza! No conceito do "altruísta", no "renegar a si mesmo", a verdadeira insígnia da decadência, a atração pelo que é nocivo, o "não saber mais" qual é a própria utilidade, e a autodestruição transformam-se nos símbolos do valor em si, no "dever", na "santidade", no "divino" do ser humano! Finalmente — o que é mais terrível — no conceito do ser humano *bom*, tudo que é fraco, doentio, malsucedido, sofrido, tudo que *deve ruir* — de acordo com a lei da *seleção*, foi transformado em ideal, a partir da oposição contra o ser humano orgulhoso e bem-sucedido, afirmativo, consciente do futuro, confiante no futuro — que foi chamado de *mau*... E tudo isso se acreditava ser *a moral*! *Écrasez l'infâme*!

## 9

Vocês me entenderam? *Dioniso contra o crucificado...*